Wer einen Garten hat, lebt schon im Paradies.

Aba Assa

JÜRGEN FLIEGE

Männer wachsen im Garten

. . . wo das stille Glück wartet

Ein Ratgeber für eine erfüllte zweite Lebenshälfte

tao.de

1. Auflage (2015)
Autor: Jürgen Fliege
Lektorat: Otmar Fischer
Umschlaggestaltung, Buchsatz: Uwe Müller Grafikdesign
Coverillustration: © rurquiza/istockphoto
Illustrationen der Innenseiten: Natalia Hubbert/Shutterstock
Illustrationen der Innenseiten, Seite 72/100: Uwe Müller Grafikdesign
Autorenfotografie Umschlagrückseite: Jan Roeder, München
Printed in Germany
Verlag: tao.de in J. Kamphausen Mediengruppe GmbH, Bielefeld,
www.tao.de, eMail: info@tao.de
Bibliografische Information der Deutschen Nationalbibliothek:
Die Deutsche Nationalbibliothek verzeichnet diese Publikation
in der Deutschen Nationalbibliografie; detaillierte bibliografische
Daten sind im Internet über http://dnb.d-nb.de abrufbar.
ISBN Paperback: 978-3-95802-313-0
ISBN Hardcover: 978-3-95802-314-7
ISBN eBook: 978-3-95802-315-4

Inhalt

1

Männer wachsen im Garten

Willst du für eine Stunde glücklich sein, so betrinke dich. Willst du für drei Tage glücklich sein, so heirate. Willst du für acht Tage glücklich sein, so schlachte ein Schwein und gib ein Festessen. Willst du aber ein Leben lang glücklich sein, so schaffe dir einen Garten.

Chinesisches Sprichwort

Ich entspanne wenn ich überlege, wie ich meinen Garten neu gestalten könnte.

Dieter Thomas Heck

Dumme rennen.
Kluge warten.
Weise gehen in den Garten.

Rabindranath Tagore

Auch Männer wachsen, langsam, aber dann auch gewaltlos. Und Männer erfahren im Wachstum in ihrer Lebensmitte eine erstaunliche Wandlung. Sie waren in ihrer ersten Lebenshälfte immer auf einer Art Kreuzzug für ihre ganz persönliche Macht unterwegs. Sie waren Kämpfer, um zu siegen. Ganz gleich für wen. Aber immer auch für sich selbst. Sie mehrten ihren Einfluss auf den verschiedensten Feldern und waren ständig damit beschäftigt. Währenddessen schlugen sie auch noch so manches eitle bunte Pfauenrad vor den Frauen und zeigten kurz ihre prächtigen Federn: Seht her! Ein starker Mann bürgt für starken Nachwuchs! Stark in den Lenden und mit einem prall gefüllten Konto versuchten sie Eindruck zu machen. Eros und Macht. Jetzt aber, mitten im Leben, wachsen sie nur jenseits ihrer Siege und auch jenseits ihrer Niederlagen in ein neues unbekanntes Leben hinein. Während sie auf der Heimreise aus den Wirtschaftskriegen und den Schützengräben einer oft aggressiv auftretenden Industrie und ihrer Märkte sind, aber noch mitten im Leben stehen, gibt es für sie noch einmal einen gehörigen oft unvermuteten Wachstumsschub: Bei der als harmlos geltenden Gartenarbeit wachsen sie tief drin zu ganz passablen Mitmenschen und Mannsbildern heran. Sie erkennen endlich, dass ein Haus ohne Blumen und ohne Garten nur eine Art Verschlag ist, der vor Wind und Wetter schützt. Aber es ist kein Haus, keine Heimat. Da gehört mehr zu. Jetzt auf einmal verehren sie Schönheit und Ordnung. Sie werden zu Ästheten. Und sie haben nun auch die Geduld für die nötige Pflege aller schönen Dinge. Was sind Männer selber doch für komische Pflänzchen! Sie wachsen erst im Herbst zu voller Blüte und Reife heran, zu einer Zeit, in der das Lametta ihrer Siege wie welkes Eichenlaub von ihren Revers zu Boden fällt. Jetzt, wo alles fällt, tauchen bei ihnen auf einmal kleine ungeahnte Knospen unter dem verschwundenen Blätterwerk auf. Und jetzt, im Frühherbst ihres Lebens, sind ihnen auch ihre Wurzeln näher als sie früher einmal schienen. Sie interessieren sich für ihre Herkunft. Sie recherchieren in alten Papieren und Fotos und arbeiten ganze Stammbäume aus. Sie graben nach ihren Vorfahren. Sie entwickeln einen umfassenden Sinn für Heimat. Nicht nur an ihren Früchten wollen sie erkannt und entsprechend geliebt werden. Das war früher. Jetzt kommt die Liebe zu ihren Wurzeln dazu. Und dieses Interesse an der Fülle des Lebens wird bei den Männern mit jedem Jahr deutlicher! Voltaire lässt seinen Candide, der nach einem abenteuerlichen Leben und dem Scheitern seiner philosophischen Hoffnungen, sich aufs Land zurückziehen und dort zur Einsicht kommen, dass „wir unseren Garten bestellen müssen“. Männer wachsen und reifen im Garten.

Und das wird auch nicht mehr enden. Die nachreifenden Männer werden so lange auf diesen eigenen Gartenwegen gehen, bis sie eines guten Tages bereit sind, sich selbst diesem Prozess des Wachsens und Vergehens ganz auszusetzen. Es wird dann auch für sie wahr, was sie längst wahrgenommen haben: Es gibt kein Ende. Es gibt keinen Tod. Alles ist Übergang! Alles hängt von der Perspektive ab. Wer solche Augen hat zu sehen, der kann auch in einem Komposthaufen die Voraussetzungen des kommenden Frühlings erkennen. Das Ende ist längst schon ein neuer Anfang.

Die Schönheit und die Reife des Mannes wachsen nicht mehr wie früher sichtbar irgendwie in die Höhe, von unten nach oben oder in die Breite und in die Länge. Männer wachsen jetzt nicht mehr im Quantitativen. Sie wachsen während dieser persönlichen Herbstzeit von innen nach außen. Schönheit und Reife kommen aus seinem bisher unbekannten Inneren. Sie kommen von Herzen. Sie sind seine neue, zweite Bestimmung. Schönheit und Reife wachsen leise heran. Gerade zu der Zeit, in der die Kraft seiner Hände und Füße und seines kühlen Verstandes, auf die der Mann während seines aktiven Lebensabschnitts so viel gab, nicht mehr so bestimmend sind. Schönheit und Reife, das sind Ausdrücke eines neuen umfassenden Gefühls, ein Teil von allem zu sein. Es ist das Gefühl, ein im Tiefsten von der Natur abhängiges Leben schaffen zu können.

Was aber gibt es für ein Männerleben ohne Sieg und Niederlagen? Wie sieht das aus? Was wartet auf den Mann jenseits der alles dominierenden Muskel- und Hirnmassen? Es wartet ein gelungenes rundes Leben auf ihn. Der Kreis eines Männer-Lebens will sich vollenden und ergibt erst mit dieser Vollendung einen Sinn. Diese Vollendung wirkt wie ein letzter Baustein als Krone in einem Deckengewölbe, der alles zusammenhält. Alles steht auf einmal am richtigen Ort zur richtigen Zeit.

Ganze Lebensabschnitte und einzelne Erinnerungen wirken wie einzelne Satzteile und einzelnstehende Worte, die auf einmal, wenn sie richtig zusammengestellt werden, einen Satz bilden und Sinn ergeben. Alles macht auf einmal Sinn. Und „Sinn machen", das wird sich zeigen, bedeutet in seiner umfassenden universalen Tiefe „Liebe machen". Alles sorgt sich endlich um alles! Alles ist für Alles da. Das nennt man: Leben und Lieben im wirklich umfassenden Sinn! Jetzt endlich wird erfahrbar, dass einfach alles Alles lieben kann. Das alte Muster, dass zum Lieben eines Mannes das Erobern gehört, ist vergangen. Die neue Erfahrung einer umfassenden Hingabe ergänzt die frühen Jahre. Und diese alle Erwartungen aufgebende umfassende Liebe, diese lange verborgene natürliche Mystik, lehren sie nun schweigend ihre Enkelkinder, mit denen an der Hand sie in ihre Gärten ziehen. Die Kleinen haben alles wahrgenommen. Die Kleinen sind ihr ganzes Glück. Und der Tag wird kommen, an dem die Kleinen die Alten imitieren werden.

Die neuen vom Leben tiefergelegten Männer sind also auf einer höheren Ebene die alten Männer geblieben. Sie sagen, wo es langgeht. Einmal Mann, immer Mann! Das Land braucht keine neuen Männer. Das Land braucht Männer.

2

Das Lachen der Frauen

Erfahrungen sammelt man wie Pilze:
Einzeln und mit dem Gefühl,
dass die Sache nicht ganz geheuer ist.

Erskine Caldwell

Es gab da immer ein großes Gelächter, besonders bei den reiferen und erfahreneren Damen. Immer wenn ich ihnen von der Bühne oder auch von einer Kirchenkanzel herab ans Herz legte, ihren nun in die mittleren Jahre gekommenen Männern lieber eine Rosenschere zum Geburtstag zu schenken, als irgendein noch so verlockendes elektronisches Spielzeug oder gar ein aufmunterndes Magazin aus dem Erotikshop, gluckster sie rum.

Da war und ist immer wieder lautes Kichern. Und da und dort auch ein befreiendes Gelächter. Denn so ein unvermutetes Geschenk setzt als direkte oder zwinkernde Botschaft der Frauen und ihrer geheimen Wünsche an ihre müden Männer, diese Männer nur zusätzlich unter Druck. Ich weiß wovon ich rede. Ich bin ein Mann. Das schwache männliche Geschlecht droht vollends einzuknicken.

Die kleine Rosenschere aber nimmt den Männern den Erwartungsdruck früherer Jahre. Sie liegt gut in der Hand. Sie schmeichelt. Ihre Stahlfeder ist gut geölt. Sie ist ein gutes und bewährtes Werkzeug. Sie stimmt der inneren Reife der Männer ganz ohne Worte zu. Sie erkennt und anerkennt, was ist. So eine geschenkte Rosenschere signalisiert also ein tiefes wortloses Verstehen, dass die Zeiten sich geändert haben und die Liebe auch und nun alles in der Stille reift. Frauen, die ihren reiferen Männern Rosenscheren schenken, sind die wahren Männerflüsterinnen.

Reife Männer lieben eben nicht mehr nur Frauen allein. Sie haben mit den Jahren im Umgang mit Frauen von ihnen etwas angenommen. Der Umgang färbte ab und Hingabe erst recht. Männer lieben die Frauen zwar weiterhin, aber sie lieben sie jetzt tiefer, umfassender. Sie fangen an, das Schöne nicht nur in den Proportionen einer Frau zu sehen, zu begehren und zu bewundern. Die Wespentaille hat ihre Dienste getan.

Die Männer beginnen jetzt generell, das Proportionierte und das Schöne in allen Dingen sehen zu lernen. Die Männer sind mit ihrer Rosenschere auf der Suche nach dem goldenen Schnitt. Sie schließen von nun an von ihren Frauen auf alles andere und von allem anderen zurück auf ihre Frauen. Frauen sind nun die Botschafterinnen des Schönen und Proportionierten, um mit dem Blick für das Schöne und

Notwendige die Männer überhaupt und irgendwann noch zu erreichen. Und Männer sind endlich bereit, die endlich entdeckte, aufgedeckte Schönheit der Dinge auch zu pflegen.

Das war in meiner Herkunftsfamilie wohl genau die Zeit, in der sich mein Vater ein teures englisches Sakko aus englischem Tweed kaufte und ein neues Rasierwasser ausprobierte und überall in Haus und Hof Ordnung schaffte. Und keiner von uns, auch meine etwas burschikose Mutter nicht, konnte oder wollte verstehen, was in den sparsamen, kargen und sonst eher in sich gekehrten Mann gefahren war. Musste man sich Sorgen machen?

Rosenscheren und all die anderen Gartengeräte allerdings kaufte er sich leider selber. Meine Mutter war in meiner Erinnerung eben keine große Verführerin und Männerversteherin. Auch in dem Gartenschuppen, in dem alle Gartengeräte standen oder an der Wand hingen oder einfach herumflogen, allein wegen uns sechs Kindern, drei Mädchen, drei Jungen, und ein großes Tohuwabohu herrschte, wurde in diesen Lebensjahren meines Vaters verstärkt Ordnung geschaffen. „Pappa ante portas!“

Im Frühherbst ihres Lebens also beginnt in den Männern das Schönheits-Gen zu wirken. Es beginnt eine Zeit des reinen Betrachtens und Schauens. Die Augen werden zusammengekniffen, um störende Details zu übersehen.

Versteckte Strukturen kommen so besser zum Vorschein. Und dann fährt es fort mit einer Zeit des Aufräumens und Ordnens. Das war in all den früheren jüngeren Jahren anders, ganz anders gewesen. Da flogen überall in Haus und Hof, auf dem Boden, auf der Treppe, vor dem Bett die Sachen der Männer rum. Die Socken, die Zeitung, die Unterwäsche, auch Zigarettenkippen und manchmal je nach Herkunft und Sozialisation sogar halbausgetrunkene und nun schal riechende Biergläser!

Sorry, kurze reuige Unterbrechung: Wer hatte das eigentlich während all der früheren Jahre für die Männer weggeräumt? Das waren oft genug Frauen gewesen, eigene oder auch angestellte. Wir reden wie selbstverständlich von Putzfrauen und Zugehfrauen. Sollte diese sogenannte rollenspezifische Arbeitsteilung des Verwüstens und des Aufräumen und Ordnens im Leben der reifen Männer der Vergangenheit angehören? Irgendetwas tut sich bei den Männern. Irgendetwas wird neu. Irgendetwas wechselt.

Auch Männer haben ihre Wechseljahre. Und das ist eben nicht nur eine Frage der Hormone, die die reifenden Männer zuerst um die Hüften herum rund und rundlich werden lassen. Und die Frauen werden nun eher knöchern und oft dürr, ihre Brüste sind nicht mehr so prall und da und dort tragen die Frauen allmählich auch ihre Bärte. Und dann und wann bis auf die Zähne. Was ist los?

Wenn ich von diesen stillen Beobachtungen auf den Bühnen oder Kanzeln erzählte, dann wich das leise Kichern und das oft auch höhnische Gelächter der versammelten Frauen, die ihren Fliege hören wollten, langsam einer erstaunlichen Stille. Das Sich-Anstoßen mit den Ellenbogen und das Zwischenrufen, oft lautstark über viele Tische, Stuhl- und Bankreihen hinweg, beruhigte sich zu einem stillen unwillkürlichen Nicken. Zustimmung lag auf einmal im Raum.

Männer, reife Männer, erwachsene Männer und das Gute in den Männern wachsen offenbar bei der Arbeit in ihren Gärten. Weniger bei den Gemüsebeeten, eher bei den Teilen des Gartens, die der reinen Schönheit und dem Genuss der Augen vorbehalten wurden. Es muss den Männern irgendwo zugestoßen sein. Irgendwo zwischen den oft rücksichtlosen und unmenschlichen Schlachtfeldern ihrer Berufungen und Berufe und dann ihrem späten Zuhause.

Wenn Männer unabhängig von ihrem Charakter oder ihrer sonstigen Bestimmungen und Position reif und gütig werden, dann muss das offenbar irgendwo zwischen vierzig und sechzig, zwischen Beruf und aufkommendem Berufsende, irgendwo da passiert sein. Das ist eine nicht ungefährliche Zeit, voller Orientierungslosigkeit, taumelnd erlebter Freistellungen und tief empfundener Selektion in ihrer Arbeitswelt. Aber ein Blick in die Scheidungsstatistiken deutet an, dass diese Turbulenzen über ein altes oder neues Selbstverständnis nicht aufs Berufsleben beschränkt bleiben. Wiederholungen sollen das alte Machomuster über die neue Zeit retten. Doch wo die Not wächst, wächst das Rettende bekanntlich auch. Das Leben sorgt auch für uns Männer und lässt uns reifen zu unserer Zeit.

Alles hat eben seine Zeit und seinen Ort. Auch das Reifen der Männer. Nicht umsonst sind die wahren Häuptlinge der atavistischen Stammeskulturen gereifte Männer. Das gilt für den legendären Indianerhäuptling Seattle genauso wie für die Hawaiianischen Weisen: The Elder! Und im Osten unserer Welt wird man erst unter einem Feigenbaum, einem Bodhi (sic), zu einem richtigen Buddha, jenseits der Lebensmitte!

Diese hier angedeuteten und noch unausgereiften Gedanken wollte ich in einem kleinen Fernsehinterview mit meiner kleinen Rosenschere kurz erläutern. Wenn man ein solches Ding auf der Bühne in der Hand hat, muss man nicht viel erklären. Fernsehen hat nicht viel Zeit. Bevor die Dinge noch ins Ohr gehen, gehen sie schon ins Auge. Die Rosenschere in meiner Hand war das Symbol für den neuen Mann. Sie war so etwas wie die kleine Schwester der großen Pflugscharen, aus denen Schwerter geschmiedet werden. Sie war das Symbol des kleinen Friedens auf Schrebergartenniveau! Die große Prophezeiung des Jesaja für die neue ewige Zeit des Friedens, in der Schwerter zu

Pflugscharen umgeschmiedet werden, ist eben nicht nur ein Symbol für die erhoffte und erwartete Entwicklung der Welt. Sie muss auch im Kleinen wahr sein.

Sie wird mit einer Rosenschere auf einmal und unwillkürlich in jedem Männerleben wahr. Die Endzeit naht in jedem Mann und wirft ihren individuellen friedfertigen Schatten. Aber wer hätte erwartet, dass diese Wahrheit sich so klein macht, dass sie wie eine unsichtbare Software in eine Rosenschere passt? Eine kleine Rosenschere mit einer großen Botschaft vom Frieden. Und genau da beginnt die Geschichte dieses Büchleins.

3

Die Rosenschere als Waffe

Auch eine Rose bedarf noch der
Hand des kundigen Gärtners,
dass nicht zu stolz sich erhebe
über den Gräsern ihr Haupt.
Denn nicht im fühllosen Holze
birgt sich ihr anmutig Wesen.
Öffnet zum Kreuz sich die Schere
und küsst die Wunde beim Schnitt,
blüht sie in Schönheit. –
Zum Abend bring eine Rose mir mit.

Eugenie Mossdorf

Ich hatte es mir schon gedacht, dass das so einfach nicht sein würde. Deswegen hatte ich von meinen vielen Rosenscheren auch eine auf meine kurze Reise mitgenommen, die ich irgendwann einmal als Sonderangebot in der Nähe der Gartencenterkasse mitgenommen hatte. Quengelware für Vatis Seele! Ein paar Euro, mehr nicht, und die liebe Seele hat Ruh. Und mehr war sie auch nicht wert. Sie lag nicht einmal wie altes, gutes Werkzeug richtig in der Hand. Sie hatte kein wirkliches Gewicht, keine wirklich alte spürbare

Seele. Sie war mehr oder weniger auch dort aus Plastik, wo sie fünfzig Jahre früher aus Stahl gewesen wäre. Sie wirkte billig und war es. Eben weil wohl keine alte Menschenseele sie einst gefertigt hatte. Sie war ein Industrieprodukt, eine Rosenschere vom Band.

Ich steckte sie einfach in meine kleine lederne Reisetasche und fuhr schnell zum Flughafen: für einmal Fernsehen in Hamburg und zurück nach München. Mir ging schon im Auto durch den Kopf, ob ich denn wohl mit meiner billigen Rosenschere durch die Sicherheitskontrollen kommen würde? Die filzen ja alles! Früher war es der Nassrasierer, jetzt ist es sogar das Rasierwasser. Gehören eigentlich Rosenscheren mit ihren mehr oder minder scharfen Schneiden zu den Waffen der Männer? Könnte man mit einer einfachen Rosenschere, die mehr Schein als Sein und nicht einmal mehr in der Lage war, den Rosen wirklich etwas anzutun und die Triebe eher abriss als abschnitt, Stewardessen erschrecken und Piloten bedrohen? Könnte ich mit meiner Rosenschere die Stewardess, wenn sie mir den obligatorischen Tomatensaft serviert, einschüchtern, traumatisieren und willig machen? Könnte meine billige Rosenschere aus dem Männerparadies die schwer verriegelte Kabinentür zum Cockpit knacken und dann die Crew von hinten bedrohen und gefügig machen? Die Security am Münchner Flughafen jedenfalls war davon fest überzeugt. Sie sah mich mit meinen angegrauten Haaren potentiell noch auf dem

Kriegspfad. Ein Pastor, bewaffnet mit einer Rosenschere! Das erschien ihnen als eine Gefährdung des Luftraums. Da half kein Lächeln, da half kein Argumentieren. Und wo sie keine Argumente hatten, hatten sie wenigstens ihre Vorschriften. Ich wollte nicht zum Siegen in die Maschine steigen! Ich wollte doch in Hamburg im Fernsehstudio genau das Gegenteil erklären! Und ich wollte es simpel vorführen. Rosenscheren in Männerhand sind wie eine weiße Fahne! Es gibt nichts mehr zu besiegen! Was brauchen wir denn noch für Siege oder Niederlagen?

Diese rosenschneidenden Männer haben aufgehört, das Heil im Kampf und im Sieg zu suchen! Rosenscheren in Männerhand stehen für eine neue Zeit im Leben der Männer! Aber erzählen Sie das einmal den Damen und Herren der Security, ohne dass Sie das Flugzeug und den Auftritt im Fernsehstudio verpassen. Die sind zu jung dafür. Die haben entweder Anweisung, dass der Krieg der Männer gegen andere Männer bis in den Tod hinein andauert, oder sie sind selber noch auf dem Kriegspfad. „Die Augen und Ohren der Security wurden gehalten", diagnostiziert die Heilige Schrift in solchen Fällen. Alles sehen, alles hören, nichts denken! Auf jeden Fall, es gab ein „No-Go!" für meine Rosenschere und ein „Go" für mich! Da flog meine Rosenschere ein sehr kurzes Stück durch die Münchner Vorabendluft und ging mit halbvollen Wasserflaschen, Nagelscheren, Einmalfeuerzeugen den Weg alles Irdischen. Die jungen Damen der

Security allerdings, die die ganze Zeit meinen Rosenscherenpredigten gelauscht hatten, lächelten mich an. Als wenn sie schon etwas ahnten.

Meine billige Schere musste also in München bleiben. Und ich flog unbewaffnet nach Hamburg ins Fernsehstudio und machte mir meine tiefen Gedanken. Die Security und staatliche Gewalt haben offenbar keine Ahnung, was in einem Mann vorgeht, der an seiner Rosenschere hängt und sie abgeben muss. Seine ganze Seligkeit kann an so einem schön gemachten Werkzeug hängen. Wir reifenden Männer brauchen immer weniger Quantität. Woher sollen wir die auch noch nehmen? Aber wir brauchen immer mehr Qualität. Qualität statt Quantität, das macht den neuen Mann aus. Es wird bei uns weniger wie bei kleinen und großen Jungs gemessen und verglichen, es wird endlich genossen.

Es wird langsam Zeit, ein wenig tiefer in die schweigsamen Männerseelen zu steigen und von den dortigen Schätzen zu erzählen. Eine kleine Gartenpsychologie der Männer, die sich selber in eine Art Lebensgarten gesetzt sehen. Es sind Gedanken aus den Gärten ihrer Seelen. Das Motto könnte sein: „Zeig mir Deine Rosenschere und ich sage dir, wie reif und erwachsen du bist!“

4

Der Garten meiner Kindheit

Ein Trauma findet seine Ursache

Der gestylte Garten kommt mir vor wie eine Besserungsanstalt für die Natur.

Thomas Häntsch

„Freiheit statt Unkraut!“ – das könnte die Parole meines ersten Demonstrationszuges gewesen sein, wenn ich mich nur getraut hätte. Als ich klein war und nach der Volksschule die ersten Jahre das Gymnasium besuchte, waren die Samstage immer furchtbar. Das war die Zeit im letzten Jahrhundert, in der die Kinder noch den sechsten Tag zur Schule gehen mussten und dann endlich doch ein Erlass des Kultusministers herauskam, dass am Samstag schulfrei war. Das war komischerweise ein Schock für mich. Samstags, da war mein Vater nämlich nach einer langen Arbeitswoche als Manager in einem mittelständischen Betrieb immer zu Hause. Aber statt im Bett liegen zu bleiben und auszuschlafen, Zeitung zu lesen und sich auf ein schönes Frühstück mit gekochten Eiern zu freuen, stand er an diesem Tag immer besonders früh auf.

Als triebe ihn da eine besondere Lebenskraft aus dem Bett. Ein Trieb, der größer sein musste als der reine Genuss, müde und erschöpft im Bett zu bleiben! Es muss eine Energie gewesen sein, die stärker und leidenschaftlicher war als seine ganze Arbeit, seine Frau und seine achtköpfige Familie. Wir Kinder hörten ihn mit klopfendem Herzen morgens in aller Herrgottsfrühe an unseren Zimmern vorbei die Treppe nach unten gehen. Und wir krochen im Halbschlaf noch tiefer unter unsere Bettdecken und hielten den Atem an. Hoffentlich tritt er jetzt nicht gerade in unser Zimmer!

Denn seine Worte kannten wir längst. Es waren immer dieselben. Er hielt sich nie lange auf. Nie! In unserer kleinen Stadt nannte man meinen Vater das „Lineal". Er galt als präzise, genau, geradeaus, unbestechlich. Und jetzt fürchteten wir dieses Gardemaß und seinen scharfen Garderuf: „Jochen, Gerhard, Jürgen, steht auf! Zieht euch an und kommt in den Garten!" Wenn das passierte, brachen alle Kinderträume von einem abenteuerlichen freien Samstag in sich zusammen. Da war es dann wieder einmal um unser freies Wochenende geschehen. Da war sogar Schule besser! Alle unsere jugendlichen Pläne waren mit einem Mal geplatzt! Kein Sport, kein heimliches Rendezvous, kein Eiskaffee! Kein Rumhängen und Träumen! Kein Tag, an dem wir die beständige Angst vor der Schule einen ganzen Tag bis zum Abend nach hinten schieben konnten, um zu atmen und zu leben! Samstag war eigentlich ein Raum zum

Atmen. Stattdessen gab es nun Gartenarbeit mit Vater. Und Taschengeld gab es auch nicht. Andere Kinder bekamen das und ließen es in ihren Hosentaschen aufreizend klimpern.

Und so sah man meine Brüder und mich im Sommerhalbjahr samstags regelmäßig das Unkraut aus den Wegen zupfen, die Tulpenzwiebeln pflanzen, den Rasen mähen und den Misthaufen umsetzen. Wir harkten die Beete, wir beschnitten die Bäume. Wir fegten die Terrasse und wir gruben den Boden um. Wir streuten Blaukorn-Dünger aus und pikierten den Salat. Wir stachen die Rasenkanten gerade und wir strichen den Gartenzaun wie bei Tom Sawyer. Knochenmehl kam nur auf die Gemüsebeete. Knochenmehl hatte einen intensiven und unangenehmen Geruch, der lange an den Finger haften blieb, die wir eh nicht gerne wuschen. Aber das Knochenmehl soll teuer gewesen sein. Teurer als Blaukorn. Dabei war es doch nicht viel mehr als abgeschnittene Fingernägel, wenn auch von anderen Säugetieren, oder? Knochen bleibt doch Knochen!

„Garten und Gartenarbeit" hatte also für uns Kinder das Zeug, zum Trauma einer frühen Kindheit zu werden. Es war das Drama des mit einem väterlichen Garten begabten Kindes. Denn während unsere Kumpels und Freunde und erste Freundinnen an unserem Garten vorbei zum Fußball gingen oder von ferne her schon Festgeräusche von der Kirmes und anderen lokalen Festivitäten an unser Ohr drangen, harkten wir unter Seufzen und auf Teufel komm raus das schwere nasse Laub zusammen. Wir wuchteten es mit weit ausgebreiteten Kinderarmen in den alten kaputten Weidekorb und schleppten ihn zum Kompost. Wir trugen im Herbst die ausgegrabenen Dahlienknollen in den muffigen, feuchten Keller und deckten die Rosenstöcke mit Tannenzweigen zu. Wir wuschen abends den Pferdemist, der die Rosen düngen und zusätzlich vor dem Frost schützen sollte, grob von unseren Schuhen und stanken doch noch eine Woche lang danach. Unter den Fingernägeln hielt sich das Ammoniakzeugs noch Tage. Freundinnen gingen auf Distanz. Wir spritzten mit dem Gartenschlauch die Terrasse sauber und unsere Hosen nass. Doch nicht nur unter unseren Fingernägeln stank es noch Stunden später nach jeder Art von Mist.

Gartenarbeit war wirklich das Allerletzte! Gartenarbeit war grausam! Gartenarbeit, das war so sicher wie das Amen in der Kirche, Gartenarbeit versaut das Leben. Und auch all die sogenannten fremden Leute aus der kleinen Stadt, die sich im Mai und Juni über unsere Hecke beugten und quasi im Vorübergehen einen Blick auf unsere kleinen Tulpenfelder warfen und meinem Vater ihre Komplimente zuriefen: „Es ist wie in Holland! Wirklich wie in Holland, Klein Keukenhof!" – die konnten uns mal. Und anschließend, im Hochsommer, starrten sie auf die Azaleen und staunten über die Pracht. Wenn die wüssten, was das für eine

Kinderarbeit war?! Wirklich, die konnten uns alle mal. Für die Fremden war das vielleicht ein Blick in ein kleines Paradies, den sie über die Ligusterhecke warfen. Aber die wussten ja auch nicht, um welchen Preis es erarbeitet worden war. Paradiese wachsen nicht von sich aus. Das sind schöpferische Akte, die mehr als nur sechs Tage dauern.

Was würde uns je im Leben versöhnen können mit einem Garten und seiner Arbeit? Nichts! Deswegen wählte mein älterer Bruder eines guten Herbsttages einen genialen Ausstieg aus dem familiären Frondienst. Dieser Schachzug schenkte ihm für alle Zeit die Freiheit von der Gartenfron. Im späten Oktober verbuddelte er Hunderte von Tulpenzwiebeln in ein einziges Loch, das er mit dem Spaten in den schwarzen Mutterboden gegraben hatte. Eine Art Massengrab für Hunderte oder auch Tausende ausgewählter Tulpenzwiebeln, die Vater sich extra aus Holland hatte schicken lassen. Keiner hatte etwas bemerkt.

Natürlich hatte er vorher Hunderte kleiner Eisenstäbchen, die mein Vater während der Tulpenblüte an die Stellen des Blumenbeetes in die Erde gesteckt hatte, wo noch Platz für eine Tulpe war, eingesammelt. Als aber dann im kommenden Frühling die unangenehme Wahrheit ans Licht der Frühlingssonne trat, gab es eine gewaltige Tracht Prügel. Aber mit der Prügel wurde er unter großem Geschrei auch aus der Gartenarbeit entlassen. Mein Bruder hatte das Ende mit

Schrecken gewählt und wir geängsteten Geschwister den Schrecken ohne Ende. Ich war zu feige. Ich blieb ein Gartensklave. Ich bekam meine kindliche Prägung.

Was ist die Mühsal des Sisyphus gegen ständig wachsendes Unkraut auf Kieswegen oder im grünen englischen Rasen? Ein Nichts! Der eine wälzt den Stein immer und immer wieder den Berg hinauf. Und der andere jätet Unkraut, das sich freut, wenn auch nur ein Würzelchen im Boden stecken bleibt und weiter wächst oder der durchs Jäten aufgerissene Boden umso besser herumfliegendes Samengut auffängt. Ich hatte immer ein kleines Küchenmesser aus der Küchenschublade meiner Mutter genommen und mich quasi bewaffnet. Der Kampf war aussichtslos! Warum führt ihn mein Vater? Und wenn ich mich schon nicht wehren und durchsetzen konnte, so reifte in mir beim Ausstechen des gemeinen Wegerichs aus dem englischen Rasen ein einziger Schwur: Nie würde ich selber, wenn ich erwachsen wäre, einen Garten haben wollen! Nie! Das war klar. Nie würde ich zum Knecht meiner Pflanzen werden wollen, um im Sommer vom Rhododendron all die harten verblühten und verklebten Blüten abzuknipsen. Nicht zu vergessen, dass die verblühten Tulpenstängel abzuknicken und einzusammeln waren, damit die Kraft der Tulpe wieder in die Zwiebel fuhr und nicht in dem unnützen Blütenstand! Wir wollten keine Tulpen züchten, sondern anschauen. Und erst recht würde ich nicht die zukünftigen eigenen Kinder zur „Sklavenarbeit“ in den Garten schicken, um dort mit Mutters Küchenmesser den verdammten Löwenzahn aus dem Rasen zu stechen. Niemals! Und als wenn der Löwenzahn von unseren Samstagsrekrutierungen gewusst hätte, flogen seine weißen Samen vom Wind getragen an ihren Fallschirmen wochentags durch den Garten. Es gab doch diesen Unkrautvernichter, der im Rasen nur das breitblättrige Unkraut angreift. Warum kämpft mein Vater nicht mit dieser Keule? Warum kämpft er mit seinen Söhnen? Es ging in meinem Kinderherz damals so weit, dass ich ernsthaft darüber ins Grübeln kam, ob wir wirklich die leiblichen Kinder dieses gartenverrückten Vaters sein könnten? Der „Alte“, der sich seinen tausend Quadratmetern Gartenerde verschrieben hatte, war doch für jedermann erkennbar so anders als wir. Wir Jungs wenigstens, seine angeblichen Kinder, die in ihren Genen nichts davon wissen wollten, waren sicher in den Nachkriegswirren irgendwie in sein Haus gekommen! Familiengeheimnisse machen nur Ärger. Was bräuchten wir einen Vaterschaftstest, wo die Dinge doch offen am Tage lagen!

Ich hätte klüger sein können. Aber Tränen der Wut und der Verzweiflung machen blind. Denn nicht nur mein Vater war samstags im Garten. Mein Großvater mütterlicherseits war es auch. Folgerichtig war also nicht nur die Vaterschaft wackelig, sondern auch die Mutterschaft meiner Mutter. Und weil der Großvater schon weit über sechzig Jahre und damit Rentner war, war er fast jeden Tag mit seinem kleinen Handwagen unterwegs in seinen nahen Garten. Da wuchsen seine Kartoffeln und Bohnen. Da versteckten sich die roten Erdbeeren an ihren kleinen Sträuchern ihre paar Lebensjahre, bevor ihre Wurzeln hart wurden, unter ihren grünen Blättern. Da kletterten Großvater Eugens Erbsen an altem Maschendraht und dürren Reisigzweigen in die Höhe. Und da standen die Stangenbohnen Spalier wie Großvater selbst vormals im kaiserlichen deutschen Heer. Da standen die Johannis- und Stachelbeersträucher in Reih und Glied. Und da waren die Apfelbäume, der Boskop und die frühe Sorte: Weiße Klare. Und der Birnbaum neben der Gartenlaube konnte selbst im Winter wegen seiner Birnenform nicht leugnen, was er im Herbst für Früchte getragen hatte.

Bei meinem Großvater blühten auch im Sommer die gelben Ringelblumen und dann im Spätsommer die großen Gladiolen. Das war anders als in unserem Garten. Sein Garten war bäuerlicher, im Grunde ein Nutzgarten, aus dem man auch die Blumen holte. Der Garten meines Vaters war irgendwie neureich. Aus Großvaters Sonnenblumen wurden die Kerne nicht gesammelt, um selber Öl zu pressen. Sie wurden mit Schweinemalz zu Vogelfutter verkocht. Der Großvater hielt seinen Garten also auch nicht nur, um seine kleine schmale Postschaffnerpension aufzubessern. Er lebte mit seinen Pflanzen sein Leben. Was meine fragliche Herkunft angeht, hätte ich es also besser wissen müssen.

Jetzt vierzig, fünfzig Jahre später, wen wundert es, hat jedes meiner Geschwister einen eigenen Garten. Wir sind tatsächlich wohl die leiblichen Kinder unseres Vaters und unserer Mutter und die Enkel unserer Großväter. Statt eines einzigen Gartens also gibt es jetzt sechs Gärten! Merkwürdig! Und wenn wir einander besuchen, führt ein erster kleiner Begrüßungsweg im geschwisterlichen Garten immer erst durch die gerade blühende Zone, bevor wir dann ins Haus treten. Der Garten ist unser ganzer Stolz.

Er verbindet uns offenbar mit unserem Vater und unseren Großeltern. Wir säen wie sie. Wir sind aus demselben Holz. Das Haus teilen wir mit den Ehepartnern. Den Garten nicht so sehr. Er ist das Refugium unserer Herkunftsfamilie. Er ist jeweils ein kleines Paradies, ein kleines bisschen Glück, irgendwo, irgendwie, immerdar.

Unser Garten, mein Garten, dein Garten ist ein liebes bisschen Erde auf der Erde, auf das wir da schauen. Und wir fachsimpeln über Maiglöckchen, die nie neben dem Bärlauch stehen sollten. Maiglöckchen sind giftig und sehen fast so aus wie der Bärlauch. Nur dass der nach Knoblauch riecht. Wir probieren Ende Mai, ob man aus dem leidigen Giersch unter den Bäumen tatsächlich Salat machen kann. (Man kann!) Wir lachen über andere Leute, die ihren Rasen mit Torf düngen wollen und die das Laub durch die ganze Stadt zur Deponie bringen. Und wir geben uns Tipps in Sachen Maulwurf und dass natürlich eine Schippe Kalk auf den Misthaufen gehört und der bald umgesetzt werden muss. Alles wie bei „Vatern“!

Was also ist bloß in den vergangenen Jahren mit uns und in uns passiert? Ist die Zeit so schlecht geworden, dass wir nun jeder selber wieder unsere Kartoffeln anpflanzen müssen? Wohl kaum! Wir Nachkriegskinder haben alle mehr Blumen und Zierpflanzen als Kartoffeln, Möhren, Salat und Petersilie. Und unsere Gewürzbeete sind mehr zur Zierde da als zum Verzehr. Blühender Lavendel, blühender Rosmarin und der blau blühende sanfte Salbei stehen zusammen und verbreiten Mittelmeerflair! Was ist passiert? Und offenbar nicht nur bei uns sechs Kindern, quasi als nicht statistisch relevanter Sonderfall eines extremistischen Gartenfans? Es scheint allen Menschen und besonders den Männern so zu gehen. Was sollen denn die Millionen von Vorgärten überall in der Welt und in allen Kulturen? Es war wohl nicht nur die soziale Not, die Anfang des letzten Jahrhunderts in der Tradition des Leipziger Dr. Schreber und Ernst Innozenz Hauschild Gärten für den kleinen Mann und das noch kleinere Portemonnaie entwickeln ließ. Südlich von Berlin ging man durch die herrschaftlichen Parks von Muskau. Ganz England ist voll Rasen vor den Einfamilienreihenhäusern. Und es war auch nicht nur die Kritik am hemmungslosen Kapitalismus mit seinem überbordenden und alles zerstörenden Zins-und-Zinseszins-Problem, der im Norden von Berlin die

(Garten) Edenbewegung hervorbrachte. Sie hatten eine Vision: Wenn die Welt ein Garten wäre, dann müssten die Menschen geschwisterliche Genossenschaften bilden! Das war die eigentliche Idee: Versöhnung mit der Erde als grundlegende Versöhnung mit den Mitmenschen. „Garten" ist also mehr als hundert Quadratmeter eigene Erde! Wer oder was im Unterbewusstsein, im Ich oder im Über-Ich bewegt die Milliarden Euro, die mehr denn je in Sachen Garten und Gärtchen die Besitzer wechseln? Was nur hat das halb gelebte Leben in uns so verändert, dass wir alle, die früheren Jungen, jetzt als Männer in der zweiten Lebenshälfte mit Freude in den Garten ziehen? Vergessen sind die unruhigen Zeiten!

Sind wir Kinder mittlerweile zu bemitleidendenswerten Greisen geworden, die sogar den alten Schlachten etwas Positives abgewinnen wollen? Was hat aus Gartenfeinden Gartenfreunde gemacht? Haben wir das Gedächtnis verloren? Sind wir unseren frühen Schwüren untreu geworden? Wir sind es! Was war da bei uns und überall in der Welt am Mann am Werk? Wir haben uns verändert, um uns und unseren Vorfahren treu zu bleiben.

Niemand war da gesondert am Werk! Es hat ein Paradigmenwechsel stattgefunden. Ein Lebensthema hatte seine Schuldigkeit getan und ein neues Thema war aufgekommen. Ohne es genau zu wissen, liegt es nahe zu sagen, dass die innere Ordnung des Lebens selbst in uns Männern am Werk war! Es ist unser gelebtes Leben, das uns wachsen ließ. Liebevoll hat es für alles in uns Zeit gelassen und uns heranwachsen lassen. Alles hat nicht nur seine Zeit, sondern alles wächst zu seiner Zeit.

Eben wie der Baum aus dem ersten Psalm, der seine Frucht bringt zu seiner Zeit. Und nicht dann, wenn wir es wollen. Das Leben hat uns selbst wie alle anderen Lebewesen auch, die Pflanzen, die Tiere wie den komplizierten Menschen, in die Zeit gepflanzt. Es hat uns diese Zeit gegeben, um durch verschiedene Lebenszeiten zu reifen. Wir brauchen offenbar wie alles Leben unterschiedliche Zeiten, um unsere Bestimmungen zu erreichen. Wir brauchen den Frühling unseres Lebens, um aus dem Häuschen zu sein, zu flirten und zu blühen und alles Alte hinter uns zu lassen. Wir brauchen die Asche der abgeflämmten Märzwiesen am Bahndamm. Sie sind der Stickstoff und der Dünger für die kommende Zeit. Wir brauchen den Sommer unseres Lebens, um mit der Sonne auf den Höchststand unseres Lebens zu kommen. Wir brauchen unsere Höhepunkte wie das Jahr den Sommer. Wir brauchen sie, um Früchte zu tragen, zu unserer Zeit und auf unsere Art und Weise.

Die Weißen Klaren kommen im August, und der Boskop kann sogar den ersten Frost noch überstehen, wenn des Nachts alle Blätter rundum den Rasen bedecken. Und wir brauchen den Herbst, wo wir gereift heimkehren und abwarten und weiter reifen, dass wir uns mehr und mehr für ein neues anderes Leben hingeben. Es ist ein langer Menschenherbst, der Weg, der dann die Kraft und Energie in die Wurzel einlagert, um dort unten im Dunklen bei Mutter Erde unsichtbar und geborgen zu überleben und dann mit neuer Kraft zurückzukommen ins Leben. Keinem anderen Leben auf der Erde wird von der Schöpfung jenseits der biologischen Notwendigkeit von Reproduktion und Kinderaufzucht so viel Lebenszeit eingeräumt wie uns Menschen. Geht es neben der Aufzucht eigener Kinder vielleicht noch um eine ganz andere Aufzucht, eine Aufzucht von Geduld und Zustimmung? Geht es um eine geduldige Aufzucht dessen, was vielleicht die Bestimmung des Menschengeschlechts sein könnte? Sind wir nicht nur Mütter und Väter unserer leiblichen Kinder, sondern Großmütter und Großväter für viel mehr Kreatur, die uns anvertraut ist?

In dieser wichtigen Zeit werden Väter zu Großvätern und Mütter zu Großmüttern. Sie haben nicht mehr nur ihre biologischen Kinder vor Augen, für die sie alles tun. Sie haben, weitsichtig wie sie geworden sind, auf alle Kinder dieser Erde zu blicken. Männer reifen jetzt zu alten und großen Vätern. „The Elder" aller Kulturen reifen heran.

Was liegt denn um das fünfundvierzigste Lebensjahr herum, also jenseits des Sommers und aller Höhepunkte und nach dem Zenit des Lebens, auf unserem Männerweg nach Hause? Da liegt der Vorgarten, der manchmal noch unsichtbar um jedes Haus wächst. Bevor wir also ins eigentliche Zuhause kommen, zu Muttern, wo wir die Kampfstiefel gegen Hausschuhe tauschen, geht es eine Zeit lang durch den Vorgarten. Der Vorgarten fügt die Erfahrung des Feldes und des Hauses zu einem Ganzen zusammen. Er ist auch eine Art Vorheiligtum. Es ist eine Einübung ins Heilige. Es ist der Raum, in dem wir uns vorbereiten, reinigen, besagte Kampfstiefel gegen lehmverschmierte Treter wechseln, manchmal sogar diese ausziehen, weil alles, aber auch alles worauf unsere Füße treten, als heilig und erhaltenswert gilt.

Es geht nicht anders. In einem Garten hat alles angefangen. Und in einem Garten soll auch alles enden. Es hat lang gedauert, bis diese Einsicht reifen konnte. Aber alles hat eben seine Zeit und seinen Ort.

5

Der Apfel fällt nicht weit vom Stamm

Und wenn ich wüsste, dass die Welt morgen unterginge,
würde ich heute noch ein Apfelbäumchen pflanzen!

Martin Luther zugeschrieben

Die verehrlichen Jungen, welche heuer
meine Äpfel und Birnen zu stehlen gedenken,
ersuche ich höflichst, bei diesem Vergnügen
womöglich insoweit sich zu beschränken,
dass sie daneben auf den Beeten
mir die Wurzeln und Erbsen nicht zertreten.

Theodor Storm

Es fällt ja nicht direkt auf, dass der ganz gemeine Nullachtfünfzehn-Mann auf einmal auch ein ganz gewöhnlicher Gärtner ist. Das hat seinen guten Grund. Das Selbstverständliche, das Natürliche fällt nie direkt auf. Ordnung fällt nicht direkt auf. Unordnung aber fällt ins Auge.

Das Auge ist nicht auf Harmonie fixiert. Es sucht, unruhig wie der Augapfel ist, immer den Horizont nach Feinden ab. Das Gewöhnliche stört das Sehverhalten des Auges nicht.

Es ist eher der friedliche Hintergrund, auf dem das Auge das Fremde entdeckt. Also, was soll schon sein mit einem Mann im Garten?

Das Fremde fällt dem Auge auf, weil es nicht in bewährter Ordnung ist und quer liegt. Das Heimatliche fällt nicht auf. Das Reifen der Männer scheint also in Ordnung zu gehen. Es ist nicht fremd oder gar exotisch, antiquiert oder aus der Zeit. Es fällt daher wenig auf, wenn Männer in die Jahre gekommen und gereift sind und in den Garten gehen. Niemandem ist es groß aufgefallen. Es ist nur allzu natürlich. Es ist auch gut so. Wer aber erwartet, dass sie dort vor sich hin grabend auf ihren Tod warten, irrt. Es geht nicht ums Warten, es geht um Reifen! Und nur die Männerparadiese auf der grünen Wiese, die Gartencenter und Baumärkte, wissen um das verborgene Glück ihrer zahlreicher werdenden Kunden.

Es fällt einem allerdings irgendwann selber auf, dass man in den Jahren zuvor wohl anders war. Ich weiß noch, wie ich ins Nachdenken kam. Wie ich irgendwann auf meine Hände schaute, die ein paar neue Erdbeersetzlinge einpflanzten. Die Hände waren dreckig, voller dunkler schwarzer Erde, es war guter Boden, fett und ohne viele Steine. Ich sah auf einmal meine kräftigen Hände, die kurzen, stämmigen Finger und ein paar Sommersprossen oder Altersflecken auf dem Handrücken. Waren das wirklich meine Hände? Das sind doch nicht meine Hände! Waren das nicht die Hände meines Vaters? Und kniete ich nicht auch genau wie mein Vater. Und schwitze ich nicht auch wie mein Vater. Alles wie er: der schmerzende Rücken, wortlos im Erdbeerbeet, geborgen im Garten. Ich war der Sohn meines Vaters. Ich erkannte mich und liebte mich. Und ich liebte mit einem Mal auch meinen Vater. Er war nur eine Generation weit entfernt – und doch ganz nah.

Der Ehering an meinem Finger schaute wie der Ehering meines Vaters aus dem Gartendreck hervor. Mein Vater nahm ihn nie ab, so wenig wie ich heute. Mein Vater wechselte nicht groß die Kleidung, wenn er vom Büro in den Garten ging. Manchmal schien es, als ob er sie sogar besonders gerne anbehielte. Als wenn der Geschäftsanzug, das weiße gestärkte Hemd und die Krawatte mit der Nadel erst im Garten ihre Drecktaufe bekämen und eins mit seinem Träger würden. Wie der Herr, so's Gescherr! Ich weiß es. Ich bin genauso. Und wenn „der Alte" doch vorher ins Haus ging, um seine Kleidung zu wechseln, dann standen Revolutionen im Garten bevor! Normalerweise aber ging er wie ich gleich nach der Arbeit in seinen Garten. Und ohne dass es eine bewusste Entscheidung war, kniete er dort irgendwann doch nieder und zupfte an den Pflanzen oder sammelte ein paar welke Blätter von den Begonien. Er kannte jedes Blatt. Und dann holte er seine Rosenschere aus dem Geräteschuppen und schaffte seine Ordnung, wie wenn er im Dienst eines Großen stünde. Mein Vater war selbst ein Werkzeug in der Hand einer größeren Ordnung stiftenden Macht. Und wie der Vater damals, so der Sohn heute!

Ich hatte doch geschworen, dass der Garten mein Trauma werde. Ich hatte doch Stein und Bein geschworen, dass ich, wenn ich groß wäre, nie einen Garten haben würde! Und dass meine Kinder nie im Garten arbeiten müssten!

Und jetzt knie ich ohne jeden Zwang vor meinen kleinen Pflanzenkindern. Ich buddele die Setzlinge des Eisbergsalates ein, habe längst Gartendreck am weißen Hemd und an den Hosenbeinen und unterschätze wie jedes Jahr die gewaltigen Ausmaße einer reifen Zucchinipflanze, die sich unter ihren großen Blättern lange versteckt gehalten hatte. Und die Anfälligkeit der Tomaten gegen Fäule und Bakterien ärgert mich jedes Jahr. Ich sollte doch mehr Sulfur, Schwefel, einsetzen. Nach Sulfur roch der Gartengeräteschuppen meines Vaters das ganze Jahr über. Die Erinnerung an diesen eher unangenehmen Geruch, an Schwefel, den ich nun doch brauche, lässt schon wieder die Distanz zu meinem Vater schwinden. Irgendetwas muss mit mir passiert sein. Ist es eine Art Gehirnwäsche? Ist es ein notwendiges Damaskuserlebnis, in dem aus einem Saulus, einem Gartenhasser, ein Paulus wird, der Pflanzen liebt? Ist es also eine Art Gotteserlebnis, eine Offenbarung? Nur welches neue und andere Evangelium kommt auf mich nieder? Oder ist es doch nur banaler Gruppenzwang von Schrebergärtnern?

Gibt es vielleicht doch einen Schatz in jedem Lebensacker, den man nicht durch Kriegführung und Feldgeschrei, sondern erst durch fleißiges Graben und Umgraben fände? Alles nicht! Es ist einfacher und weniger psychoanalytisch. Wir brauchen keine Couch, um alles in uns zu verstehen. Wir brauchen etwas, um uns mit allem zu versöhnen: Wir brauchen einen Garten. Und wir brauchen das Alter.

Ich bin also nur älter geworden. Und dann noch älter. Und irgendwann war ich über vierzig. Und das ist seit biblischen Zeiten, in denen man „siebzig, und wenn es hochkommt, achtzig Jahre" wurde, die Mitte des Lebens. In der Mitte des Lebens wird aus jedem aufgehenden jungen Mond, der die Lebenskräfte in die Krone der Bäume und Pflanzen und Tiere treibt und selber Vollmond wird, irgendwann auch ein abnehmender Mond. Und der drückt und führt und zieht die Lebenskräfte wieder zurück in die Erde, zurück zu den Wurzeln, damit sie dort neue Kraft aufnehmen und für die Regeneration bereit sind. Das ist das älteste kosmische Wissen, das wir gesammelt haben: Das Leben auf dieser Erde verdankt sich der Kraft des Mondes und tut es ihm gleich. Wir sind nicht nur Kinder des Lichts und der Sonne. Wir sind in unseren Zyklen und allen Phasen unseres Lebens auch Kinder des Mondes.

Und jetzt wird aus jedem ehemaligen Pfarr-Herrn mit diversen Auszeichnungen und Orden ein einfacher Garten-Arbeiter mit dreckigen Fingern. Jetzt wird nicht nur aus ihm, sondern aus jedem selbstgefälligen Herrn, wenn er Glück hat und nicht vorzeitig verbittert oder vertrocknet, ein selbstloser Knecht einer höheren Macht. Jetzt wird aus jedem Heißsporn ein gütiger Mann. Jetzt wird aus jedem Kämpfer ein anderer Mensch, ein anderer Mann, der allein um des Geldes, sprich Erfolges willen, nicht mehr antritt. Der Mann kommt aus dem Feld, wo er sich wacker geschlagen hat. Aber bevor er ganz nach Hause kommt, da betritt er die Zeit des Gartens.

Als wenn wir, die wir in mythologischen Zeiten durch ein Paradies in die Welt gekommen sind, in der wir Schmerzen verspüren und sterben werden, durch das Paradies zurück die Himmelsreise anträten. Wir sind wie alles, was lebt, wachsen aus der immer enger erscheinenden Heimat heraus, um in der Mitte des Lebens wieder nach Hause zu kommen. Wir Männer sind auch nur Zugvögel, die wissen, wo sie geboren wurden. Oder wir sind wie die Aale und Lachse, die entweder in der tiefen karibischen See oder in einem seichten Oberlauf eines Flusses als Laich auf die Welt kamen. Genau wie sie mussten wir Welten tauschen, um zu überleben. Und wo immer wir genau wie sie im Leben waren, wissen wir, dass wir nach Hause müssen. Es ist eine Sehnsucht, die aus einer Ferne kommt, Sie ist keine schlimme Krankheit, keine Sucht. Sie ist eine Art heilige Krankheit, ein Wundschmerz, der davon erzählt, was einmal heil war und wieder heil werden soll.

6

Pappa ante Garten-Portas!

Am Anfang war und ist für uns Männer die Freiheit das Maß aller Dinge. Um die Freiheit scheint sich alles zu drehen. Es ist wie in der Pubertät, die nicht enden will, in der wir alle Ordnung ablehnten und ein selbstbestimmtes Leben, ein freies Leben, leben wollten. Als wenn es das gäbe! Am Anfang war und ist die Fahne, der wir uns weihen. Und die weht und droht allen Männerherzen.

Solche Fahnen sehen heute oft anders aus als früher. Sie sind nicht mehr schwarz-rot-gold oder schwarz-weiß-rot. Sie sind genäht und bedruckt mit den Logos großer Firmen, von Produkten und Sportvereinen. Internationale Logos zieren die Banner, unter denen die neuen Führer der Welt ihre Truppen sammeln. Und dieses Heer sind wir, die Käufer und Konsumenten. Wo wir Freiheit wähnten, weil das Logo es uns so suggerierte, und dann auch „Freiheit" schrien und für „Freiheit" am liebsten gestorben wären, haben wir am Ende doch nur nach Zugehörigkeiten und Uniformen und Generälen gesucht. Es ist nicht gut, dass der Mann allein ist. Tätowierungen müssen auch nicht bis unter die Haut gehen. Sie auf der Haut zu tragen erfüllt teilweise denselben Zweck. Das war immer so.

Das Einzige, was sich geändert hat und ständig ändert, ist das Image, die Uniformen, die Erscheinungsweisen. Männer sehnen sich danach, Soldat zu sein.

Mehr noch! Wir sind aufgestiegen, einmal als sogenannte Führungskraft mit oder ohne Frauenquote. Dann auch als uniformierter Gewerkschaftler mit seinen Arbeitnehmern. Wir sind im Angriff tätig. Wir sind die Jagdmeute. Wir sind die Mannschaft, wir sind der Verein und wir sind das Heer. Junge testosterongesteuerte Männer braucht das Land, um sie dann in manchen Kriegen und Auseinandersetzungen auch zu verheizen. Am Anfang eines Männerlebens steht offenbar die Programmierung oder Lust auf Sieg und Kampf, auf Aufstieg und Karriere und Bewährung! Das muss niemanden wirklich schrecken. Auch die Religionsgründer waren in diesem Alter, als sie die Botschaft des Wassers entschlüsselten, das Rad des Lebens erkannten oder die Weisheiten der Bergpredigt fanden. Buddha war 28. Jesus ca. 30 Jahre. Am Anfang war und ist Bewährung und Testosteron! Einer für alle, alle für einen! Jeder Mann ein Musketier! Und mit weit über 100 Pferdestärken geht es immer, wenn auch nur im Kreis herum, dem scheinbaren Ziel entgegen. Wir Männer stellen uns dem Wettbewerb ohne Rücksicht auf Verluste. Wir sind auf den diversen Schlachtfeldern des Lebens – Militär, Industrie und Handel – bereit zu töten. Nicht nur im wirklichen Krieg. Auch im Krieg der Konzerne juckt es uns einen Dreck, wenn der Konkurrent untergeht mit Maus und Mann. Am Anfang also waren bei uns Männern die Ellenbogen und der Kampf: Mann gegen Mann. Am Anfang war Krieg. Am Anfang also war und ist der Krieger im Manne der, der auf dem Weg durch das Leben das Sagen hat. Tod oder Leben! Tod oder Sieg! Tod oder Liebe! Und das ist auch gut so. Ohne Männer und ohne ihre Eroberungen auf allen Ebenen des Wissens und Bewegens wären wir nicht. Nur müssen wir den Zyklus nomadischen Lebens, des Kommens und Gehens, des Siegens und Vergehens in unserer Kultur wiederentdecken. Beides hat seine Zeit. Und ein Wachstum von 25% zieht ungewollt ein Risiko von 25% Absturz mit sich. Das lernen gerade die Feldherren der Deutschen Bank. Alles zu seiner Zeit.

Da muss man nicht unbedingt an den Krieg als „Vater aller Dinge“ denken. Es geht auch weniger blutig. Wären wir jemals in Wissenschaft und Forschung auch nur einen Schritt weitergekommen ohne das Eroberungs-Gen der Männer? Wären Amerika und das Penizillin entdeckt worden? Wären wir ohne das Y-Chromosom überhaupt bis zum Mond und nach Mallorca gekommen? Und spricht nicht auch unsere Sprache in ihrer Weisheit davon, dass wir Männer Frauen „erobern“ wie etwas Fremdes, das uns nicht gehört? Wir sind oben. Da gehören wir hin. Und wenn wir erobernd oben sind, sind Frauen unten. Und die Frauen? Sie sollen sich, so weiß es unsere Sprache, den Männern „hingeben“. An diesem Verhaltensmuster wird das Aufbrechen uralter Geschlechterrollen vorerst wenig ändern, wenn überhaupt. Und wenn es dann geändert ist, wissen wir nicht einmal, ob wir Kinder haben werden, die aus diesen neuen Rollen der Liebe entspringen.

Wir Männer sind offenbar in unserer ersten Lebensphase das Experiment und der Versuch der Schöpfung, sich mit uns und durch uns weiterzuentwickeln. Wir sind die Investition der Schöpfung. Wir sind die These! Wir sind die Explosion, deren Auswirkungen noch weit im Universum zu spüren sind! Zuerst der Mann – alles andere später! Aber nicht der Mann allein! Das geht gar nicht. Konsolidiert wird also später. Konsolidiert wird mit Hilfe des weiblichen Gartens. Konsolidiert wird durch das Weibliche.

Doch jenseits der geheimnisvollen magischen Vierzig geht diese abenteuerliche Entdeckungsreise der Krieger unversehens, aber wie ferngesteuert mit einem Mal einen anderen Weg. Wir legen die Uniformen ab. Wir legen die Freiheit zurück in den Waffenschrank. Und daran können kein Therapeut und kein Gesichtschirurg etwas ändern. Es geht unmerklich zuerst einmal um die Kurve. Es geht durch eine „Krise" (was auch nur eine Bedeutung des griechischen Worts „krisis" ist). Das ist die unübersichtliche Zeit, in der man auf kurze und mittlere Sicht keinen Horizont und kein Ziel mehr sieht. Es fehlen der Weitblick und der Überblick. Der Horizont ist nicht weit genug weg, um uns ruhigzustellen.

Jetzt sind bei uns Männern mit einem Male nicht mehr nur die fremden Länder, die weitgesteckten Ziele ferner Kontinente und Galaxien interessant. Jetzt sind es nicht mehr nur die exotischen Röcke, die uns Männer faszinieren. Jetzt sind es nicht mehr in erster Linie die verdienten Orden und die Wunden, die das Leben schlug. Jetzt sind es nicht mehr die Schmisse im Gesicht, die als Wunde und Mal viele der Männer so begeistern. Die Entwicklungsreise in das rein Äußerliche hat offenbar ihre Schuldigkeit getan. Tränen und Häutungen stehen im Herrenhaus an. Das Klettern auf die verschiedenen Podeste der Macht und Männerwelt findet ihr langsames Ende. Da und dort ein paar Ehrenrunden, ein Comeback unter den Never Comebacks. Diese große Zeit der bedeutungsvollen jungen Männer wird abgeschlossen. Und an den Wohnzimmer- und Arbeitszimmerwänden mehren sich die Trophäen: Da ist das gemeinsame Foto mit dem Präsidenten und dem Bürgermeister. Da hängen die Urkunden und Zertifikate. Da reihen sich die Pokale in der Glasvitrine. Da hängen das Geweih von der Jagd in Polen und Südafrika und der Speerfisch, ein Marlin vor Havanna. Und dazwischen immer auch wieder Fotos der Frau oder Frauen und der Kinder. Und alles bald unter Staub, der alles zu Staub verwandelt. Was gibt es Neues zu entdecken? Wo ist der neue Kontinent, der nicht mehr mit Muskeln und Schweiß zu erobern ist? Wo gibt es etwas zu entdecken, ohne dass man was entdeckt?

7

Meditation für Anfänger

Kleine Einführung ins ZEN

Rühre an das Leere in deinem Leben,
und dort werden Blumen blühen.

Aus dem ZEN

Ein Garten ist ein großartiger Lehrer.
Er lehrt uns Geduld und umsichtige Wachsamkeit.
Er lehrt uns Fleiß und Sparsamkeit.
Und vor allem lehrt er vollkommenes Vertrauen.

Gertrude Jekyll

Blüht eine Blume,
so zeigt sie uns Schönheit.
Blüht sie nicht,
lehrt sie uns Hoffnung.

Chao-Hsiu Chen

Die Blüte ist das Symbol des
Geheimnisses unseres Geistes

Novalis

Betrachten ist Meditation, Kreisen um eine Mitte, die alle Orientierung gibt! Um eine Mitte kreisen ist wirklich Gravitation. Es ist auch das Gravitationsgesetz des Geistes. In allen vier Himmelrichtungen ist der Garten durchwandert worden. Jede Knospe ist gezählt und jede welke Blume auch. Alle Wege sind beschritten. Alles ruht. Die Zeit der Betrachtung ist gekommen. Sehen, dass es gut war. Gartenarbeit ist Meditation. Ebenso nutzlos wie wunderbar.

Und dank vager Erinnerung an den Physikunterricht ahnt man, dass sich auf diese Weise des Miteinanderumgehens beides verändert, der Betrachter und das zu Betrachtende, das Subjekt und sein Objekt. So wie ein Thermometer immer auch in kleinsten Bereichen nicht nur die Temperatur misst, sondern auch verändert. Und das alles, ohne einzugreifen.

„Wähle nun einen schönen Platz in der Stille,
setze dich hin und sei ruhig.
Wenn du willst, dann weine."

Das ist so eine Lesefrucht, von der ich nicht einmal mehr weiß, woher sie mir zugeflogen kam. Sie hat sich bei mir verwurzelt, ohne mein Zutun. Gartenzeit ist eine Zeit, die nicht in erster Linie auf Eingreifen und Verändern baut. Das war einmal. Das waren die aktiven Zeiten der Hände und Füße. Es geht in erster Linie nicht um den Anbau von Gemüse zum Überleben. Jetzt ist das Auge dran, den Dingen ins Herz zu schauen und sich selbst ins Herz schauen zu lassen. Und das geht nicht ohne Betrachtung. Die Zeit der Betrachtung und Schau fördert bei den Männern ein völlig neues Verhaltensmuster zutage. Wie eine versteckte Software, die auf ihre Zeit gewartet hat, ein Schläfer im System Mann, wacht sie auf wie aufgerufen und übernimmt die Kontrolle über den ferngesteuerten Menschen im Mann. Der neue Mann, der Betrachtende, greift nicht mehr ein. Und er weiß das und fühlt sich darin mit allen Kräften des Universums in Einklang. Er ist wie ein König, der wie in „Der kleine Prinz" von Antoine de Saint-Expypéry nur das lauthals befiehlt, was sowieso passiert.

Er trachtet aber weiter nach etwas. Er tut es nur mit anderen Mitteln. Er tut es, ohne zu berühren. Ganz ohne Aktion. Im Betrachten der Dinge sucht er jetzt nach Ordnungen und Beziehungen der Dinge und Ereignisse zueinander. Er sucht deutende Verschränkung. Er sucht und forscht wie früher auch nach dem System des Lebens. Er sucht nach einer großen geheimnisvollen Ordnung, der sich alles fügt. Auch er selbst. Oder er sucht nach einer fügenden Ordnung, die rechtfertigen kann, warum er sich so gerne zu dieser Zeit fügt. Die Zeit der Suche nach Freiheit von allem, was bindet, weicht der Suche nach ordnender Schönheit und schöner Ordnung und Harmonie. Die Dinge müssen zueinander passen. Sie müssen aufeinander bezogen und abgestimmt sein. Alles scheint jetzt eine Frage der Harmonie und Frequenz zu sein. Alles muss seinen Platz haben. Das Leben ist kein Feldzug mehr. Das Leben ist ein Puzzlespiel geworden. Und das neue Lebensprinzip wird langsam erkennbar. Da ist aus Gestern und Heute ein neuer Lebensabschnitt geworden. Die Krise neigt sich dem Ende zu. Der müde Krieger legt sich unter einen Baum. Das Neue zeichnet sich langsam ab. Und es ist gut so.

Jetzt gilt es, diese völlig neue Richtung, die das Leben den Männern diktiert, ins Auge zu nehmen. Männer können jetzt erkennen, dass das Leben so ist, wie es ist. Sie sind nicht krank, nur weil sie nicht mehr für irgendeine fremde Fahne kämpfen wollen. Sie sind nicht verloren, nur weil sie des Kämpfens überdrüssig und müde sind und sich lieber unter einen Baum zum Schlafen legen wollen. Sie sind nur im Zenit ihres Lebens. Die müden Beine sind nicht krank, sondern gesund. Denn die neue Ausrichtung ist nicht mehr die Ferne, sondern, umgekehrt, die Nähe. Da zählen Muskeln wenig. Es ist die Heimat. Das Progressive als treibende Kraft der Männer weicht allmählich dem Regressiven. Die Reise des Lebens ist offenbar eher eine Rundreise und endet dort, wo man auch gestartet ist. Warum soll es den Menschen anders gehen als allen Lebenssystemen, den uralten Planeten und zeitlosen Sonnensystemen, den Elementen, den Mineralien, den Pflanzen, Fischen, Vögeln und

Säugetieren? So weicht die Zeit der selbstgesetzten Ziele, der trainierten Muskeln und der zunehmenden Stärke einer neuen Lebenszeit mit anderen Zielen und Werten.

Für uns Männer aber ist das wie die Reise zu einem völlig unbekannten Planeten. Wir sahen den Wald vor lauter Bäumen nicht und den Garten nicht vor lauter freiem Feld. Wir hatten keine Augen für einen Garten, der doch in unserer Nähe längst wuchs und gedieh, und das schon seit Jahrzehnten. Aus weiter Ferne schon geahnt liegt er jetzt auf einmal da ganz nah.

Die Reise der Männer geht, so hört man, nach innen! Und innen, da ist es bekanntlich dunkel. Statt der hellen Sonne entgegen geht es offenbar in die dunkle Erde. Erstmals blicken die Männer nach unten und nicht mehr nur nach vorn. Sie schauen auf die Erde. Wer aber auf die Erde schaut, schaut dahin, woher das Leben kommt und wohin es geht. Er schaut auf Geburt und Tod, auf Werden und Vergehen. Er schaut auf Tod und Auferstehung. Er schaut viel umfassender als jemals zuvor. Das alles lag zwar all die Jahre vor den Füßen der Männer. Aber für Geburt und Tod, für Werden und Vergehen war in der seelischen und körperlichen Arbeitsteilung die Frau zuständig. Eine Wende ist da, eine für alle Männer und Himmelsstürmer. Von nun an geht es in die Welt der Frauen: Es geht in Richtung Erde. Eine Verneigung ist fällig geworden Folgten die Frauen jahrelang den

Männern ins Feld und zu den Stationen ihrer beruflichen Karriere, folgen die Männer jetzt den Frauen. Jetzt haben die Frauen die sprichwörtlichen Hosen an. Hosenwechsel ist angesagt. Keine Sorge! Vorerst geht es nur in den Garten! Es ist die Zeit, wo Männer um die Hüfte runder werden und den Frauen auf einmal Haare im Gesicht wachsen. Da und dort wachsen sie sogar auf den Zähnen. Es ist die Zeit gekommen, in der man viele Männer in ihren mittleren Jahren erstmals auch mit einem Warenkorb an der Kasse eines Gartencenters antrifft. Sie haben Pflanzen gekauft und Gartengeräte, die neuen Gefährten und Waffen der neuen Männer. Das neue Männerparadies ist ein Gartencenter.

8

Midlife-Crisis

Das Leben ist auch nur ein Kreis

Wir müssen die Dinge lustiger nehmen,
als sie es verdienen, zumal wir sie
längere Zeit ernster genommen haben,
als sie es verdienen.

Friedrich Nietzsche

Midlife-Crisis ist auf jeden Fall eine Chance,
sich bisher nicht Gegönntes zu erlauben.

*Romana Prinoth Fornwagner (*1960)*

Unsicher ist der Mann trotzdem. Irgendetwas ist nicht mehr wie früher. Die Welt der Frauen ist fremd. Die ganze Richtung ist noch fremd. Ungewohnt ist es für den Mann, dass er auf die Welt und den Kosmos der Frauen zugeht, ohne dass irgendein Tanzlehrer das von ihm fordert. Die Ordnung des Lebens fordert es. Und die ist allemal der älteste und erfahrenste Tanzlehrer.

Waren die jungen Frauen von heute bisher immer noch und oftmals auch nur unter Seufzen und Mühen den Männern auf deren Berufsfelder gefolgt, immer mit den Kindern und der homöopathischen Hausapotheke im Gepäck, läuft es jetzt umgekehrt: Die Männer richten sich, ohne dass sie das thematisieren wollen, nach den Frauen.

Die Frauen sind jetzt das Zentrum der Familie. Sie geben den Ton an. Mit ihnen weiter glücklich zu werden, bedeutet für die Männer, ihnen ähnlicher zu werden, als man es als Krieger noch war. Nach der Zeit des Eroberns, Kämpfens, Tötens, Liegenlassens und Weiterziehens gilt es jetzt, das Handwerk der Frauen zu erlernen, diese Meisterschaft im Bleiben und im Pflegen der Dinge und Wesen zu erlangen. Denn wer als Mann nicht weiterziehen kann, muss notgedrungen den vorsichtigen Umgang mit den weniger werdenden Ressourcen vor der Haustür und vor den eigenen Füßen lernen. Pflegen lernen steht bei den Männern auf der Tagesordnung des Lebens.

Genau das lernt der Mann im Grunde von den Frauen. Sie haben jahrzehntelange Erfahrung in der Kunst des Pflegens. Sie pflegen sich, ihr Aussehen, ihre Haare, ihre Figur, sie pflegen ihre Schönheit. Sie benutzen Öle und Milch und Honig wie Dünger für Haut und Haar. Sie pflegen die Beziehungen in der Klein- und Großfamilie. Sie pflegen die Kranken. Sie pflegen die Freundschaften, bringen auf der Toilette den Geburtstagskalender an und pflegen die Wäsche. Sie pflegen immer noch und vielleicht für alle Zeit Küche, Kinder und Kirche (sprich Himmel).

Um sich an diese fremde Welt zu gewöhnen, hat der Himmel, so scheint es, für die Männer den Garten geschaffen. Denn bevor wir als „Pappa ante hortus" das Haus und den Machtbereich unserer Frauen betreten, betreten wir schon eine Art Mischbereich, den die Frauen über all die Jahre für uns notdürftig betreut haben. Wir betreten aus der Ferne und von den Schlachtfeldern des Kapitalismus kommend den heimischen Garten. Ein Garten ist eine Mischung aus Feld und Haus. Er ist domestizierte Natur. Er ist ein Stück Feld und er ist ein Stück gehütetes und gepflegtes Haus. Willkommen im Garten! Weglaufen ist mit dem weniger werdenden Testosteron nun nicht mehr so einfach. Wildern in fremden Revieren auch nicht. Und wer von seinen einfach achtlos im Schlafzimmer weggeworfenen Socken und Hosen bislang mit wenig guten Argumenten davonrennen konnte, wird sie nun aufzuheben lernen. Pflegen statt „weiter so!".

Es stimmt wirklich nicht, dass die eigentliche Lebenswende für uns Männer erst im Rentenalter auf uns wartet! Dann also, wenn wir geschlagen und auch abgeschlagen und abgekämpft nach Hause kommen, so fertig, dass uns von unseren Frauen die nächsten drei bis dreißig Jahre die Pantoffeln und das Bier gereicht werden müssen. Papa ist nicht fünfundsechzig Jahre, wenn er so vor der Haustür steht – wo er dann sattsam bekannt aus Film, Funk und Fernsehen eine Bedrohung für Haus und Hof darstellt, weil er den in der Firma verlorenen Positionskampf zu Hause fortsetzen will und seiner Frau mit einem Mal ihr Reich streitig macht. Wer mit dem von Loriot gespielten zwangspensionierten Einkaufsleiter Heinrich Lohse Lastwagen voller Senfgläser einkauft, weil es Mengenrabatt gibt und Frauen bekanntlich zu verschwenderisch mit dem Haushaltsgeld sind, war vorher nicht im Trainingslager des eigenen Gartens! Rentnerinfarkt und Ehedramen und Pensionsschock sind nur die Spätfolgen einer nicht gepflegten und gelebten Lebenswende, die gut zwanzig Jahre vorher eher unbemerkt und ganz ohne Frauen stattgefunden hat.

Und der große Lehrer war der Garten. Vorerst steht ein Mann vor dem Gartentor: Papa! Und statt Senf zu kaufen, hat er den Wagen voll geladen mit Werkzeug und Pflanzen aus dem Gartencenter. Den Spaten wird man noch interpretieren dürfen als Kampf mit der Erde mit angemessenen Mitteln. Warum aber hat er von sich aus eine blaue Schürze gekauft? Will er sich die etwa umbinden? Das hat er doch nie so getan, weder in der Küche noch sonstwo. Und wenn der Papst in Rom sich zu Ostern eine Schürze umband, dann fand er das bislang eher komisch. Schürzen waren doch Zeichen einer unterwürfigen Tätigkeit. Sie signalisieren Dienst und dreckige Arbeit.

9

Schwerter zu Pflugscharen und Rosenscheren

Der Mensch ist nicht zur Abrüstung geschaffen.

Rudolf Augstein

Der primitive Pflug!... Da liegt die Rettung.
Unter solchen Umständen leben die Leute lange.
Und sie leben in verhältnismäßig viel größerem
Frieden als in Europa heute, nachdem es die
moderne Betriebsamkeit aufgenommen hat.
Ich fühle, dass jeder erleuchtete Mensch
dieser Wahrheit lernen und befolgen kann.

Mahatma Gandhi

Es hätte uns längst auffallen müssen, dass der entscheidende Schritt zu einem mit sich in Frieden lebenden Mann der Schritt vom Schlachtfeld in den Garten ist. Es hätte den Bibellesern auffallen müssen. Es hätte den internationalen Spitzenpolitikern auffallen müssen. Es hätte den deutschen Patrioten auffallen müssen. Die Propheten aus dem Alten Testament, Micha und Jesaja träumten nämlich von einer neuen Zeit mit neuen Männern, die ihre Schwerter zu Pflugscharen umschmieden. Neue Männer braucht das Land! Und vor dem UN-Gebäude in New York findet man die Statue des Schmieds, der dies in die Tat umsetzt. Und die Friedensbewegung in der DDR, die diesen Unrechtsstaat letztlich zu Fall gebracht hat, die trug als Symbol ihrer Hoffnung und Gewaltlosigkeit das Bild dieser Skulptur auf jeder Fahne mit sich. Der Pfarrer Schorlemer hatte es in einer mutigen und aufregenden Aktion einfach einmal vorgemacht. Ein befreundeter Schmied nahm ein Schwert und schmiedete in einer kalten Herbstnacht südlich von Ostberlin eine Pflugschar daraus.

Und was dem Bauern seine Pflugschar, dass ist dem Gärtner sein Spaten. Aber auch bei den Gärtnern findet man noch einen Rest von Gewalt, wenn sie den Garten umgraben und im großen Stil die Erde vom Fuß auf den Kopf stellen. Es hat sich bei den Gärtnern noch nicht herumgesprochen, dass auch der Spaten nur behutsam eingesetzt werden darf. Er ist eine Pflanzhilfe und keine Waffe, wie ihn sogar unsere Soldaten als Kampfspaten noch nutzen. Der Spaten soll helfen, Nahrung zu finden. So wie um einen ermatteten Feigenbaum, der nicht tragen will, noch einmal gegraben werden muss, damit das Wasser des Regens nicht gleich wegfließt. Mehr nicht. Und er dient nicht dazu, im Garten klare Verhältnisse zu schaffen. Vorsichtig wird die Erde geritzt, um sie nicht tiefer zu verletzten, als es eben nottut. Mutter Erde ist schließlich schwanger.

Der Spaten ist der Verbündete der Pflanzen, die gesetzt werden müssen. Vorsichtig und geduldig unterstützt er unser Bemühen, den Boden aufzukratzen und Platz zu schaffen für Neues.

Eine Rosenschere kann davon nur lernen. Sie ist ein pflegendes Gartengerät. Sie sucht danach, wo sie dem Leben der Pflanzen dienen kann. Sie sucht im Frühling nach den ersten roten Knospen der Rosenstöcke, die dicht am Stock wachsen. Da setzt sie an und gibt ihm die ganze ungeteilte Kraft der Wurzel. Genauso zieht sie ihre Spuren im Weinberg. Sie sucht nach dem ersten Auge vom letzten Jahr und sichert ihm mit einem Schnitt das Erstgeburtsrecht. Die späteren Schösslinge müssen Platz machen. Wucherungen, die das Erbgut bedrohen, sollen keine Chance haben. Nachhaltigkeit ist wichtiger als bloßes Wachstum. Und hat eine Krankheit die Pflanze befallen, dann übernimmt sie die Rolle des Chirurgen. Sie schneidet und hofft, dass die Selbstheilungskräfte der Pflanze die Wunde schon schließen werden. Rosenscheren helfen wachsen und ordnen. Wer Spaten und Rosenschere handhaben will, muss um ein Auge für die ganze Schöpfung haben.

10

Der Garten Eden

Noch so ein Archetyp

8 Und Gott der HERR pflanzte einen Garten in Eden gegen Osten hin und setzte den Menschen hinein, den er gemacht hatte. 9 Und Gott der HERR ließ aufwachsen aus der Erde allerlei Bäume, verlockend anzusehen und gut zu essen, und den Baum des Lebens mitten im Garten und den Baum der Erkenntnis des Guten und Bösen.

15 Und Gott der HERR nahm den Menschen und setzte ihn in den Garten Eden, dass er ihn bebaute und bewahrte. 16 Und Gott der HERR gebot dem Menschen und sprach: Du darfst essen von allen Bäumen im Garten, 17 aber von dem Baum der Erkenntnis des Guten und Bösen sollst du nicht essen; denn an dem Tage, da du von ihm isst, musst du des Todes sterben.

Genesis

Am Anfang war der Garten. Das biblische Paradies, der Garten Eden, war in der „Traumzeit“ unserer Kultur ein Garten, östlich von Palästina und Mittelmeer gelegen, wahrscheinlich in der Gegend des heutigen Irak. Da wo Euphrat und Tigris als Schatt al- Arb in den Persischen Golf mündeten. Ein von sich aus fruchtbares Stück Erde, wie man es sonst nicht finden könnte, muss es wohl gewesen sein. Ein Platz mit einer solchen Kraft, dass sich auf ihm die Mythen und Träume der Menschen über die Jahrtausende gründen konnten.

Es war ein Garten mit einem feuchtwarmen Klima, das auch noch ganz ohne alle Gewalteinwirkung die härteste Nuss aufbrechen kann. Es ist ein gewaltfreies Aufbrechen, so wie das Leben im Garten seine Ziele ganz ohne Gewalt erreicht. Ein Aufbruch, wie es ihn nur in einem Garten gibt. Ein Garten, der ausschließlich aufs Klima setzt. Was denn auch sonst? Wer also lernen will, wie man gänzlich ohne Gewalt seine Ziele erreicht, der gehe in einen Garten und studiere die Gesetze des Lebens. So ein Umgang wird abfärben und soll es wohl auch.

Ein Garten soll es also gewesen sein, wo alles begann. Ein Garten nur und nicht die ganze Welt. Ein Garten, in dem alles geordnet und zugeordnet ist wie in einem Garten üblich. Ein Garten, in dem nichts von sich aus und wild wächst, sondern alles seine Ordnung hat. Der Garten Eden ist eben das mythologische Gegenbild des Chaos, aus dem am Anfang aller Zeit alles geschaffen worden ist. Am Anfang war also der Garten!

Schon das griechische Wort „paradeios“ sieht einen Para-Bereich, zwei Bereiche also, einen beschützen gegen einen offenen. Es muss sich um einen beschützten und gepflegten Bereich der Natur handeln. Und das lateinische Wort „hortus“, das für Garten steht, schildert wieder einen Bereich, wo nicht nur die Hortensien wachsen, sondern alles, was sich einer pflegenden Hand und Ordnung verdankt. Ein Stück Kulturerde. Ein Stück Erde, das behütet (hortus) wird. Es wird umsorgt und mit einem Schutz umgeben. Die alten Germanen, erzählen die Römer, hatten ein paar Baumstämme zwischen Garten und offenes Feld gelegt. Hier herrschen andere Gesetze als draußen in der Wildnis. Hier herrscht Ordnung.

Es ist ein Kosmos des Miteinander und Füreinander. Der Kreislauf des Lebens ist exemplarisch angelegt. Und das Miteinander und das aufeinander bezogen Sein bringen einen Sinn hervor. Der Garten macht Sinn. It makes sense. Aus dem ersten Schöpfungsbericht der Bibel klingt noch herüber, dass „es gut war“.

Es ist ein mythischer Garten, in dem offenbar alles Kraut gleichberechtigt war und auch die Tiere. Es ist ein ursprüngliches Abbild kosmischer Harmonie, die mythologisch dem ursprünglichen Chaos entgegengesetzt wurde. Statt Kampf steht hier Kontemplation. Anschauung, Betrachtung, Meditation haben hier ihren Ort! Statt Chaos ist es ein geordneter kosmischer Garten! Am Anfang war ein Garten!

In der Kultur des mittleren und fernen Ostens, im Hinduismus und Buddhismus würde man diesen Garten ein Mandala nennen. So wie es in vielen buddhistischen Traditionen üblich ist, aus Blüten, Steinen, Sand und Farben ein Bild zu legen, das beruhigende Kräfte auf die Seele des Menschen abstrahlt. Hier gibt es etwas, was der Mensch dem Chaos als ein Symbol der Ordnung entgegensetzen kann.

Der Garten kann die Ängste bannen. Er baut wie das Mandala das Chaos der Gedanken um in Ordnungen. Wir Menschen sind alle nicht ganz dicht. Das Äußere zeigt seine Wirkung im Innen. Genau darum sah man wohl Konrad Adenauer zeitlebens mit der Rosenschere durch den Rosengarten ziehen. Es war seine Oase in einer wilden Nachkriegszeit.

Der Garten ist also das ursprünglichste nicht von Menschenhand gemachte Bild dafür, dass Bilder und Symbole, die eine Ordnung darstellen und in sich sinnvoll sind, heilende Kräfte haben. Sie können die Nerven beruhigen und die Ängste bändigen: der Garten als die ursprünglichste Kraft, der Seele heilende Kraft zu schicken. Kein Wunder, wenn die moderne Medizin scheinbar ganz neu entdeckt, dass kranke Menschen, die von ihrem Krankenbett in einen Garten blicken können, eher genesen als die, die in das Chaos eines Hinterhofs schauen müssen. Der Garten ist kein Placebo. Er ist Medizin, die über die Seele wirkt.

Es ist aber auch ein Garten, in dem alles wächst, Gutes und Böses, Unkraut und Heilkraut. Nur wächst es da und weiß nichts von unserer menschlichen Unterscheidungen. Es ahnt nichts davon, weil über allem Guten und Bösen die Sonne des Schöpfers gleichermaßen scheint und der Regen fällt. Alles hat seinen Platz im Garten. Alles an seinem Ort, alles zu seiner Zeit.

In der Mitte des Gartens steht ein Baum, über den noch zu reden sein wird. Hier fällt er wegen seiner Früchte auf. Wer davon isst, so heißt es, wird einem inneren Prozess ausgesetzt, dass er alles wertet, was auf ihn zukommt. Später wird der Mensch das eine „gut" nennen und das andere „böse". Eine sehr menschliche Sicht der Dinge wird es sein. Und genau diese wertende Sicht der Dinge wird den paradiesischen Zustand beenden. Aber jeder, der in einen Garten geht, wird zu allen Zeiten ein Gefühl dafür bekommen, dass eigentliches alles seine Existenzberechtigung hat und dass es gute und böse Kräuter eher aus menschlicher Sicht gibt. Im Garten selbst aber sind sich alle gleich.

Als nämlich Adam, der „Aus Erde gemachte", aus diesem paradiesischen Zustand herausfiel, so erzählt die Geschichte aus unserer „Traumzeit", konnte er auf einmal Gut und Böse unterscheiden. Für die Schöpfung und den mythischen Garten Eden war das kein Gewinn. Es war eher fatal! Es war eine Katastrophe, noch mehr für die Männer als für die Frauen. Denn ab jetzt beginnt für die Männer der Kampf Gut gegen Böse. Und zu kämpfen wird auf ewig das Schicksal der Männer bleiben. Und nicht eher wird das enden, bis sie ihr Lebensweg durch einen Garten führt und ihnen darüber die Augen aufgehen.

11

Der Gartenzaun

Der kleine Limes

Es war einmal ein Gartenzaun mit
Zwischenraum hindurchzuschaun.

Christian Morgenstern

Wer andern gar zu wenig traut, hat Angst an allen Ecken;
wer gar zu viel auf andre baut, erwacht mit Schrecken.
Es trennt sie nur ein leichter Zaun, die beiden
Sorgengründer: Zuwenig und zuviel Vertraun
sind Nachbarskinder.

Wilhelm Busch

Überall wo ich ein Haus baute oder kaufte waren sie schon da. Die Nachbarn! Sie sind gottgegeben. Es kann schließlich kein Gärtner wirklich in Frieden leben und denselben finden, wenn es dem lieben Nachbarn nicht gefällt. Gegen Nachbarn helfen gemeinsame Feste oder feste Abgrenzungen. Meine alte Seele wird scheu und entscheidet sich zunehmend gern für die Abgrenzung.

Ich erschrak aber als ich nach Jahren zum ersten Mal bewusst die Rechnung meines hilfreichen Profigärtners ansah. Die alte Umfriedung um mein Grundstück, eine alte hohe Thuja-Hecke, weit über dreißig Jahre alt, gen Süden auch gegen alle lokale Grundstückseinfriedungsordung weit über zwei Meter hoch gewachsen, kostet mich im Jahr Eintausendfünfhundert Euro! Ja, bin ich denn wahnsinnig! Das sind mehr als Hundert Euro im Monat. Für was? So eine Grenzbefestigung kann einen Mann arm machen. Das weiß nicht nur jeder aufs Militär setzende Staatsmann, das weiß jetzt auch ich. Warum reiße ich die alte Hecke für den ähnlichen Betrag von gut tausend Euro nicht einfach weg? Und Schluss wäre es mit dem alle Jahre wieder neuen nach oben sich verjüngenden Schnitt, dem ewigen Düngen mit Salzen und Blaukorn und was weiß ich. Warum tu ich mir so eine alte Hecke an?

Ist das vielleicht ziemlich deutsch, nur weil die Engländer es mit ihren Vorgärten anders halten? Und auch so ein englischer Park mit seinen riesigen Freiflächen und Baumgruppen kennt das ja nicht. Freier Blick für freie Gärtner! Ist das also wirklich typisch deutsch? Oder ist so eine deutlich sichtbare und spürbare Abgrenzung die noch tiefer in unserem Unterbewusstsein verbuddelt ist? Wie wenn so ein Schutzwall noch aus den archaischen Zeiten unserer tierischen Existenz herrührt? Sind wir Männer egal in welchem Alter doch noch die alten Markierer aus der Säugetierzeit:

Halt bis hierher! Wer diese grüne Grenze überschreitet bekommt es mit mir und später mit meinem Anwalt zu tun? Warum sind uns Zäune, Mauern und Hecken um unsere Gärten so wichtig, dass wir es uns so teuer erkaufen und da und dort so teuer verteidigen?

Ist so eine Grenzanlage, wenn sie nicht gerade aus Pflanzen ist wie die meine, sondern aus Eisen und Stahl, lanzenbewehrt an den Spitzen, mit Nato-Stacheldraht wo es angesagt scheint oder auch aus Stahlbeton wie der Westwall durch die Hocheifel vielleicht doch ein letztes Relikt aus ehemals kriegerischen Zeiten? Soll es den Fremden und Feinden zeigen, dass wir das eroberte und nun markierte Stück Land nach außen für alle deutlich abgrenzen müssen? Nur dass wir es in unseren Gartenphasen dann doch nicht mehr mit den Mitteln der früheren kriegerischen Jahre tun, sondern mit unseren neuen grünen Verbündeten?

Oder ist es bei der wachsenden Einsicht in die Grenzen des Lebens und der Zeit ein neues begrenztes ebenso öffentliches wie inneres Zeichen für die eigene begrenzte Kraft und das Einflussvermögen: Bis hierher kann ich meinem Garten meine Ordnung aufzwingen? Bis hierher reicht meine Kraft. Bis hierher herrscht Friede. Und Hecken, Zäune und Mauern halten den –Unfrieden und das Wilde draußen. Aus den Augen aus dem Sinn! Vielleicht helfen uns die Frauen weiter.

Eine umstrittene Herkunftsdeutung des Wortes Hecke sieht nämlich nicht nur den Hag, das kleine wilde Wäldchen als die Urform der Hecke, die die einzelnen Felder mit ihren unterschiedlichen Feldfrüchten und Besitzverhältnissen als Vater aller Hecken. Im „Hag" schwingt auch eine andere Erfahrung mit. Das Wort „Hag" und „Hecke" nähert sich auch dem Wort „Hexe" an. Das ist die weise, wilde Frau, die des nachts das Lager des Mannes verlässt und oben auf der Hecke sitzt, mit Kräuterantrieb geflogen oder geklettert, und von dort oben Überblick und einen inneren Zugang zu beiden – innen und außen – Welten hat. Es ist die Welt der Geister und Dämonen auf der einen Seite und die der erhellten Übersichten auf der hiesigen Seite, die sie von dort oben überblickt.

Hier, innen schaut sie auf den geordneten Bereich der neuen Männer mit ihrer beschränkten Rationalität und reduzierten Erwartungen ins Leben und Lieben. Und dort jenseits der markierten Einflusszonen des eigenen Mannes, da lauert und wartet und wogt eine ganz andere Wirklichkeit. Da leben die wilden ungezähmten Kräfte der Dunkelheit und der Schattenwelt. Die Hecke grenzt das Bewusstsein gegen das Unterbewusstsein ab. Sie ist die Grenze, mit der wir Männer uns gegen unsere Ursprünge abgrenzen.

Für uns Männer wird die Faszination einer Hecke oder des Gartenzauns wohl weniger in der Abgrenzung unserer Einflussnahmen liegen, bis wohin unser Ordnungssinn und unsere Harken und Spaten und Rosenscheren reichen. Der Gartenzaun ist tatsächlich eher ein Schutz vor dem Fremden, dem wilden Leben, das wir da draußen kennengelernt haben und von dem wir nun in Ruhe gelassen werden wollen. Er schützt nicht nur vor den Blicken des Nachbarn. Er schützt ein wenig auch vor Wind und Wetter, Temperaturstürzen und unwillkommenem Samenflug.

Aber dass ein Verteidigungsposten so teuer kommt?

12

Der Baum

Kleine Einführung in den Schamanismus

Der Friede ist wie ein Baum, der eines langen
Wachstums bedarf. Der Baum ist jene Macht,
die sich langsam dem Himmel vermählt.
So steht es mit dir zu kleiner Mensch.
Du bist einer, der sich vollendet.

Antoine de Saint-Exupéry

Bäume sind Heiligtümer.
Sie predigen das Urgesetz des Lebens

Hermann Hesse

Man muss weggehen können und doch sein wie
ein Baum – als bliebe die Wurzel im Boden.

Hilde Domin

Wer mit einem Baum sprechen kann,
braucht keinen Psychiater.
Nur meinen die meisten
Menschen das Gegenteil.

Phil Bosmann

Lyrik lesen und nachempfinden reicht schon für den Anfang einer schamanistischen Ausrichtung des Lebens. Dass die Bäche wirklich murmeln und flüstern, sich später donnernd ins Tal stürzen, ein See sich abends zur Ruhe legt und in dem Nebelschweif am Bach die Geister wohnen, das will empfunden sein. Es ist eine Art niemals überwundener Pantheismus, der auf uns wartet, wenn wir von den Bäumen lernen wollen.

An der Begegnung mit einem Baum entscheidet sich das Schicksal der Menschheit und das Schicksal der Männer. Das ist das uralte Wissen. Und es taucht nicht nur in jüdischer, christlicher, muslimischer Tradition auf. Ein Baum, ein Lebensbaum, steht im Zentrum der nordischen Mythologien genauso wie in den indianischen. Er lebt unter der Erde und er lebt über der Erde. Er ist im Dunkeln so lebendig wie im Hellen. Er ist ein Abbild des Menschen. Mehr noch: Er ist ein Lehrer des Menschen. Schließlich ist er ein weit, weit älteres Wesen als der Mensch. Er hat mehr Erfahrung. Und darum wird er zum Lehrer der Menschen. Jeder Baum ist ein Baum für Erkenntnis. Nicht nur der aus unserem Paradies in der Genesisgeschichte. Mit dem Baum beginnt auch der erste Psalm Davids. Er spricht davon, dass ein Baum Wurzeln haben muss, die bis ans Wasser reichen. Und dass er dann seine Früchte bringt, wenn es an der Zeit ist und nicht wenn die Erwartung hoch ist. Da geht es dem Psalmsänger nicht anders. Wir sind auch nur Bäume.

Und die großen Weisheitslehrer weisen immer darauf hin, dass der Baum nicht weglaufen kann und die Menschen lehrt, dass sie es im Grunde ihres Wesens auch nicht können. Auch wenn ihre Beine sie noch so weit tragen bleibt ihre Seele an der Stelle verwurzelt, wo sie zuerst einmal Wurzeln schlug. Die Menschen also tun nur so, als ob sie weglaufen könnten. Aber auch sie bleiben ihr Leben lang in dem Stück Heimat verwurzelt, wo sie auf die Welt kamen. Und immer wenn sie versuchten, ihre Wurzeln aus der Erde zu ziehen und zu wandern und neu zu siedeln, kamen sie um. Man sagt dann, sie seinen entwurzelt, würden leicht verrückt und wären nicht bei sich selbst, wären außer sich.

Von den Bäumen lernten die Meister und Buddhas dieser Welt, dass man sich wie der Bambus dem Wind nicht entgegenstemmen darf. Widerstand gegen das Schicksal ist zwecklos. Schicksal lehrt ja, dass alles nur geschickt worden ist, uns zum Heil, zum „salus". Mit Geschmeidigkeit und Annahme des Windes wird man überleben. Und der Wald reagiert auch nicht anders als eine Gruppe von Menschen, die sich gemeinsam vor dem Wind zusammenschmiegen, um den Druck auf alle zu verteilen.

Und dann stehst du vor einem vor Jahrhunderte von Jahren gepflanzten alten Lindenbäumen im Garten und bewunderst seine Geduld. Wie die Linden alles getragen und ertragen haben, wie sie aus allem, was ihnen zuteil wurde, neues Leben machten, wie sie sich Jahr um Jahr neu verströmten und mit dem Mond ihre Kräfte je in die Dunkelheit der Erde oder in das Licht der Sonne schickten. Alles zu seiner Zeit an immer demselben Ort. So ist sie zum Baum der Weisheit geworden. In ihrem geistigen Schatten wurde über Jahrhunderte Recht gesprochen.

Du gehst zum Apfelbaum, der in seiner Trauer über die im Herbststurm verlorene Krone weint und weint und weint und mit seinen Tränen die Wunde zu schließen versucht. Du siehst, wie er sich mit wildem Trieb und Entschlossenheit wehrt. Aber du siehst auch, dass an diesen wilden Trieben in diesem Jahr keine Frucht wächst. Du musst warten. Du musst Geduld üben. Die Früchte werden woanders hervortreten. Der Baum wird sich völlig verändert zeigen. Und du gehst mit dem Baumhoroskop der Kelten, das die Charaktere der Menschen an den Eigenschaften einzelner Bäume orientiert und schaust auf deinen Geburtstag.

Als im Zeichen des Widders Geborener ziehe ich zum Haselstrauch und erkenne, wie ähnlich er mir ist. Er ist wie ich! Bäume sind Brüder. Sie sind aus demselben Holz wie du und ich! Der Haselstrauch war der erste, der wie die im Zeichen des Widders Geborenen aus verharschtem Schnee und noch festem Eis an das neue Leben glaubten. Der Haselstrauch geht mit dem Kopf durch die Wand wie du und ich! Und er ist gradlinig wie ich und du. Er hat tausend Ideen wie du. Aber alle seine Kraft zu bündeln auf einen Stamm, das kann er nicht. Wie du! Er ist nur ein Teil dieser Erde. Und sie ist ein Teil von ihm. Und du gehst zum Ölbaum, der schon dem Noah ein Zeichen wurde, dass Leben und Frieden möglich ist auf dieser Welt. Und du siehst, wie er auch den härtesten Zeiten trotzt und aus allem, was ihm widerfährt, Öl und Leben wachsen lässt. Ein jedes Ding hat seine Zeit! Sag mir nur, wann du geboren bist, und ich nenne dir deinen Baumbruder.

Was veranschaulicht besser als die Bäume, dass nicht das Männerprinzip das leitende Gesetz der Natur ist, sondern das Frauenprinzip: Geduld! Austragen der Dinge wie das Austragen der Kinder – da gibt es keinen Unterschied. Warten auf genügend Licht im Frühling, Stille im Hochsommer, Rückzug im Herbst, um in der dunklen Wärme der Erde neue Kraft zu sammeln.

Sogar der biblische Gott der Siege, der Gerechtigkeit, der Rache und der Kreuzzüge für das Gute, wurde im Wasser der Sintflut ersoffen. Und auferstanden ist er als ein Gott der Geduld, bei dem nicht aufhört, Sommer und Winter, Saat und Ernte. Und er hatte in der Projektion der Menschen seine Lektion gelernt. Er war ein weiser Gott geworden. Seine Botschaft für seine Menschenkinder lautet jetzt: Nicht der Kampf Gut gegen Böse ist das Maß aller Dinge, sondern die Geduld. Er gibt uns ein Bild dafür:

„Es soll nicht aufhören Saat und Ernte, Sommer und Winter", the circle of live. Über diesem Gesetz des Lebens wacht der Regenbogen, der Sonne und Regen braucht, um zu erscheinen. Genau diese Mutation müssen wohl auch die göttlichen Männer erleiden. Ohne Feuer und Wasser geht es auch bei ihnen nicht.

Die Spiritualität der Indianer, der wir uns immer noch haushoch überlegen fühlen, packt dieses neue Wissen um die wirkliche Essenz des Lebens in ein neues Evangelium. Es ist ein anderer, ein neuer Baum der Erkenntnis, der da im Westen wuchs.

Die Medizinfrau Oriah Montain Dreamer lehrt:

„Es interessiert mich nicht, womit Du
Deinen Lebensunterhalt verdienst.
Ich möchte wissen, wonach Du innerlich schreist
und ob Du zu träumen wagst, der Sehnsucht
Deines Herzens zu begegnen.

Es interessiert mich nicht, wie alt Du bist.
Ich will wissen, ob Du es riskierst,
wie ein Narr auszusehen, um Deiner Liebe
und Deiner Träume willen und für das
Abenteuer des Lebendigseins.

Es interessiert mich nicht, welche Planeten
im Quadrat zu Deinem Mond stehen.
Ich will wissen, ob Du den tiefsten Punkt Deines
eigenen Leids berührt hast, ob Du geöffnet worden
bist von all dem Verrat, oder ob Du verschlossen
bist aus Angst vor weiterer Qual.

Ich will wissen, ob Du mit dem Schmerz
– meinem oder Deinem – dasitzen kannst,
ohne zu versuchen, ihn zu verbergen oder
zu mindern oder ihn zu beseitigen.

Ich will wissen, ob Du mit der Freude
– meiner oder Deiner – da sein kannst,
ob Du mit Wildheit tanzen und Dich von
der Ekstase erfüllen lassen kannst, von den
Fingerspitzen bis zu den Zehenspitzen,
ohne uns zur Vorsicht zu ermahnen,
zur Vernunft oder die Grenzen des
Menschseins zu bedenken.

Es interessiert mich nicht, ob die
Geschichte, die Du erzählst, wahr ist.
Ich will wissen, ob Du jemanden enttäuschen
kannst, um Dir selber treu zu sein.
Ob Du den Vorwurf des Verrats ertragen kannst
und nicht Deine eigene Seele verrätst.

Ich will wissen, ob Du vertrauensvoll sein
kannst und von daher vertrauenswürdig.

Ich will wissen, ob Du Schönheit sehen kannst,
auch wenn es nicht jeden Tag schön ist und
ob Du Dein Leben aus Gottes Gegenwart
speisen kannst.

Ich will wissen, ob Du mit dem Scheitern
– meinem und Deinem – leben kannst und
trotz allem am Rande des Sees stehen bleibst
und zu dem Silber des Vollmondes rufst: "Ja!"

Es interessiert mich nicht, zu erfahren, wo Du
lebst und wie viel Geld Du hast.
Ich will wissen, ob Du aufstehen kannst nach
einer Nacht der Trauer und der Verzweiflung,
erschöpft und bis auf die Knochen zerschlagen,
und tust, was für Deine Kinder getan werden muss.

Es interessiert mich nicht, wer Du bist
und wie Du hergekommen bist.
Ich will wissen, ob Du mit mir in der Mitte des
Feuers stehen wirst und nicht zurückschreckst.

Es interessiert mich nicht, wo oder
was oder mit wem Du gelernt hast.
Ich will wissen, was Dich von innen hält,
wenn sonst alles wegfällt.

Ich will wissen, ob Du allein sein kannst
und in den leeren Momenten wirklich gerne
mit Dir zusammen bist."

Oriah Mountain Dreamer

13

Die Entdeckung der Schönheit

Die christlichen Mystiker und die Lehrer der Vedanta-Philosophie treffen auch darin zusammen, dass sie für den, der zur Vollkommenheit gelangt ist, alle äußeren Werke und Religionsübungen überflüssig erachten.

Arthur Schopenhauer

Blumen sind das Lächeln der Erde.

Ralph Waldo Emerson

Geh aus mein Herz und suche Freud
in dieser schönen Sommerszeit
an deines Gottes Gaben
Schau an der schönen Gärten Zier
und siehe wie sie mir und dir
sich ausgeschmücket haben.

Paul Gerhardt

Ärgere dich nicht darüber,
dass der Rosenstrauch Dornen trägt,
sondern freue dich darüber,
dass der Dornbusch Rosen trägt.

Aus Arabien

Am Anfang kämpften wir Männer für eine vermeintliche Freiheit, zum Ende hin betrachten wir die Schönheit der Dinge! So ist es gut. Schönheit ist im Grunde genommen nichts für das männliche Prinzip. Die Bedeutung der Schönheit für ein gelungenes Leben erlernt der Mann erst im Garten, im Umgang mit der Natur.

Bei Schönheit denkt ein junger Mann zuerst an Frauen. Da zählen Proportionen. Ihre Maße sollen zueinander in einer bestimmten Ordnung stehen, wo immer sie in der Welt leben. Schönheit ist keine Frage von schlank, groß, klein oder dick, Schönheit ist eine Frage der Proportion. Und wesentlich über ihre Schönheit kommunizieren Frauen nicht nur mit den Männern. Sie konkurrieren damit auch untereinander. Schönheit ist das erste Kriterium für das Ranking der Frauen. Und die Schönheit der Frauen und ihre ständige Sorge darum, also vom Spiegel in der Früh bis zum Spitzennachthemd im Pflegeheim, ist den Männern im Grunde so fremd, dass sie ihr Unverständnis nur mit Spott notdürftig zudecken können.

Schönheit aber hat ihren Sinn und ihren Wert. Die Schönheit einer Frau und ihre Proportionen signalisieren den Männern unbewusst, dass diese Frau eine gute Partnerin für die Fortpflanzung wäre. Schönheit ist also Kommunikation. Und dass Schönheit nicht rein oberflächlich betrachtet werden kann, darauf weist schon das griechische Wort kosmos hin, das „Ordnung, Anstand, Schmuck" bedeutet und dann auch das geordnete Weltall im Unterschied zum Chaos bezeichnet. Da klingt mehr an als nur geschminkte Lippen und viele Paar Schuhe im Schrank. Da schwingt auf einmal der ganze „Kosmos" mit, in dem wir leben. Und wenn man das weiß, ist es gänzlich vorbei mit dem Spott über die ewig sich verschönernden und schmückenden Frauen. Die Welt der Frauen ist bestimmt von miteinander in Harmonie lebenden Kräften. Die Männer folgten den Gesetzen von Freiheit und Unterdrückung, die Frauen folgen dem Gesetz von Harmonie und Schönheit. Welches Geheimnis steckt hinter dem Ideal der Schönheit?

Männer müssen nicht schön sein. Männer müssen Kraft haben. Männer haben in ihren kämpferischen Jahren keinen Sinn dafür, sich zu schmücken. Wo sie es in modernen Zeiten doch tun, imitieren sie wohl eher die Mädchen. Das eigentliche Feld der Männer ist nicht der Schminktopf, sondern das Ranking der Macht. Es ist das Schlachtfeld. Sie wurden als Kämpfer erschaffen. Und der Erstgeborene der Eva heißt darum auch Kain. Der Name bedeutet so viel wie

„Kerl" oder „Keil". Auf seinem Feld ist Platz über alle Art von Hahnenkämpfe, Ellenbogen, Tod oder Sieg. Es ist wirklich kein Platz für Schönheit und ein Leben in Harmonie mit der Schöpfung. Er ist der Männertyp schlechthin.

Und so dauert es auch in der „Traumzeit" unserer Kultur, also in den vorhistorischen Zeiten, die uns aus dem Unterbewusstsein zugeflüstert wird als unsere Geschichte, nicht lange bis nach dem Kerl Kain ein zweiter Männertyp auf die Welt kommt, den wir Abel nennen. Ein Zwillingsbruder, die zweite Hälfte des erstgeborenen Menschensohnes Kain. Kain wird Abel töten. Aber auf die Integration des toten Bruders läuft am Ende der Zeit wieder alles zu. Der bestimmte und die Natur unterwerfende Bauer Kain kommt ohne seinen „schamanistischen" Geistbruder nicht an sein Ziel. Der Name Abel bedeutet nämlich „Der kleine Hauch". Und das ist weiß Gott kein Kampfname. Abel ist der Urvater aller Nomaden, die mit dem Wind und den Jahreszeiten mit ihren Tieren durch das Leben ziehen und der Gottheit gern Altäre bauen, um zu opfern.

Die Nomaden spüren eher, dass das Leben ein Geschenk ist und wollen es erwidern. So auch „Der Kleine Hauch", der mit den Wellen und Winden des Lebens lebt und von seinem sesshaft geworden Bruder getötet wird. Der starke Kain ist der Bauer, der dem Boden seine Früchte abringt. Er ist der Sesshafte, der nicht nur den sanften Bruder tötet, sondern genauso Bäume mit Feuer rodet, um Früchte des Feldes anzupflanzen. Dass er verbrannte Erde hinterlässt, ficht ihn nicht an. Wo sie doch brennt, die Erde, da muss sie zum Dünger für neues Leben werden. Und dieses „Kainsmal“, das davon erzählt, dass wir töten, um zu leben, tragen wir Männer alle. Ein Bauer ist eben noch lange kein Gärtner.

Hier unter seinen Pflanzen könnte auch ein Kain das neue friedensstiftende Model des Lebens lernen. Es ist das kosmische Modell der Harmonie, das seinem Bruder Abel noch heilig war. Es ist Fruchtfolge, es ist Wachsen und wachsen lassen. Es ist das kosmische Prinzip der Geduld, die sich nicht wehrt. Es ist die unter Geduld gewonnene Erfahrung, dass die Schöpfung eine Ordnung hat. Daran kann auch ein Kain wachsen.

Alles hat seinen Sinn. Und alles hat seinen Zweck. Schönheit ist nicht oberflächlich. Schönheit ist der Eindruck, den die Seele bekommt, wenn das, was sie in sich aufnimmt, in Ordnung ist und kosmisch.

Den Abel führte diese Urerfahrung der kosmischen Natur zu seiner spirituellen Entwicklung. Er will mit dem Ordnenden eins werden. Er will auf seine Art mit dem Schöpfer kommunizieren. Er will ihm danken. Er will anbeten. Schönheit zwingt einen Menschen früher oder später auf die Knie. Das scheinbar so vogelfreie „Teil“ hat das „Ganze“ gefunden und betet an.

Wer nun liebt und sich vereinigen will, der imitiert den, den er liebt, so wie das Kind Vater und Mutter imitiert, weil es sie liebt. Und so beginnt der Mensch einen Garten anzulegen, wie ihn vor Urzeiten der Herr der Schöpfung selbst angelegt hat. Ein kleiner geordneter Garten, wo alles zu allem gehört und alle Proportionen dem Goldenen Schnitt entsprechen, soll den großen Garten Eden imitieren. Jeder Garten, der in welche Zeit und Mode auch immer angelegt ist, barock oder englisch, egal, ist im Tiefsten eine Annäherung an den Garten aller Gärten. Es ist ein Ausdruck großer Liebe und Verehrung. Es ist ein geschmückter Altar. Der Garten als Gotteslob, Lob der Schönheit und des Kosmos. Der Garten als Gottesdienst.

14

Anbetung

Kleine Einführung ins Staunen

Anbetung an sich ist wichtig und nicht das, was man verehrt. Ein Heide, der einen Berg oder einen Baum anbetet, findet präzise heraus, welche Stellung er selbst gegenüber dem Universum einnimmt, und er erkennt eine über sich stehende Instanz an, eine unabdingbare Voraussetzung des Menschseins.

Sir Peter Ustinov

Als sie fragten: „Wie sollen wir beten?", antworte er: „Fragt das Samenkorn: Wie soll ich beten?"
Es kehrt in sein Innerstes und schließt die Tür und betet im Geheimen, als ob es nicht betete, und es fastet, als ob es nicht fastete, bis es zur Blume wächst, und betet nicht mit Worten, sondern durch seinen Duft.
Betet wie die stumme Erde, die unaufhörlich um die Sonne kreist. Sagt: Lass deinen Willen geschehen auf Erden wie im Himmel.

Gopal Singh

In ihren besten Jahren bringt nur eines die Männer auf die Knie: die Anbetung einer schönen Frau! Die Venus von Milo, das Lächeln der Mona Lisa und natürlich die gerade eigene oder gerade begehrte. Für sie hat Mann die Blumen gekauft oder gepflückt. Für sie hat man sich kurz gewaschen und mit Düften und Weihrauch umgeben. Für sie hat man Schwüre und Eide und Lügen eingepackt. Für sie hat man zum ersten Mal in seinem Leben todernst vom Tod gesprochen und von Ewigkeit geträumt. Bis dass der Tod sie scheide!

Der Frau in ihrer Schönheit wollte man dienen von Ewigkeit zu Ewigkeit, Amen! So weit, so schön. Aber auch so schwülstig. Und für ihn, den Mann, und seinen seit Ewigkeiten vorübergehend auf 90-60-90 feminine Körperformen verengten Blick, hatte sie sich ins Mieder gezwängt. Ich weiß das, weil ich schon als kleiner Junge im Textilgeschäft meiner Mutter die fleischfarbenen Schnürmieder untersucht habe und die Kundinnen in der Anprobe belauschte. Wer schön sein wollte, musste schnüren.

Diese Engführung der Männersinne auf die Schönheit und Proportionalität einer Frau hat sich jetzt radikal erweitert. Sexualität und Erotik, die sich in den ersten Lebensjahrzehnten funktional allein auf den eigenen Nachwuchs konzentrierten, erweitern sich und widmen sich zunehmend der Fort-Pflanzung im Allgemeinen. Der großen Mutter zu dienen, der Gaia, Mutter Natur also, heißt, nicht nur an die eigenen Kinder zu denken, sondern genauso für all ihre Kinder da zu sein. Der Befehl und die Verheißung des alten Gottes, sich die Erde untertan zu machen, mausert sich zu einem Dienst an der Erde.

Im Verhalten und Erleben des Mannes hat sich daher nicht groß etwas verändert. Es hat sich etwas erweitert. Am Anfang steht auch hier, von einer Schönheit ergriffen zu werden. Es ist der Duft der Rosen und des Lavendels. Es ist der Zauber der blühenden Linden. Es ist die Pracht der Hibiskusblüten. Und es ist die stille Strenge der Zypresse gegen den blauen Himmel. Es ist das Farben- und Formenspiel der Pflanzen untereinander, das in uns das ganz große Staunen hervorruft. Stilles Staunen und stille Ergriffenheit.

Etwas Großes, Unbegreifbares greift also nach uns und macht uns still. Und das, was da nach uns greift und uns staunen lässt, ist stärker als Mann selbst. Das Große greift nach dem Kleinen. Und das Kleine reagiert entsprechend und nimmt eine natürliche Demutshaltung an. Das Kleine geht in die Knie, erkennt die Größe an, stimmt zu und betet an und bewundert. Der kleine Mann erkennt an, dass er im Grunde ein abhängiges Leben führen muss, um es wirklich zu leben. Wir sind ein Teil dieser Erde und wie jeder Teil haben wir nur eine Aufgabe und einen Sinn: dem Ganzen zu dienen. Und so geht der Mann auf die Knie – wenn er nicht bei seiner Pflanzarbeit schon kniet. Oder besser: Durch seine Arbeit an der Erde fällt ihm bei seiner eigenen neuen Demutshaltung kein Stein aus der Krone, die sonst so oft bedroht ist.

Wahre Anbetung führt immer in die Stille. Männer führt es mehr und eher in diese Stille als Frauen, die sich beim „Ave Maria" nicht einkriegen können. Stille ist offenbar der Ort der männlich geprägten Gottesoffenbarungen. In der Anbetung der Männer wird nicht mehr groß geredet. Es wird empfunden. Die Hand aufs Herz! Dort drinnen findet alles statt, was Worte niemals erfassen und ausdrücken können. Das Geheimnis des Glaubens regiert.

Ganz leise hat Mutter Natur mit ihren Formen, Farben und Düften aus dem ehemaligen Kämpfer und Revolutionär einen frommen, gütigen Mann gemacht. Ganz ohne Mission und Eifer. Es ist einfach passiert. Zuerst war da nur die Frau, der sich im alles entscheidenden Moment der Mann gern unterwarf. Sie bestimmte schließlich, wie weit das Spiel der Liebe geht und ob es zur Vereinigung kommt. Sie bestimmt, mit welchem Mann es weitergeht. Und jetzt, wo sich die Erfahrung erweitert hat, ist es Mutter Natur, die Mutter aller Mütter und Frauen, die den Mann ergreift und ihn zur Anbetung führt. Sie hat es getan wie eine Hebamme. Leise und bestimmt! Sie wusste, dass es passiert. Sie wusste den Zeitpunkt. Sie kennt ihre eigenen Ordnungen nur allzu gut.

Männer in der Lebensmitte folgen ihr ohne Zögern. Die Gärten bringen die Männer zu völlig neuen Einsichten. Sie beten. Wobei Beten nicht mehr mit Bitten und Betteln verbunden ist. Es geht nicht mehr darum einer Gottheit seine Sicht der Dinge tränenreich unterzuschieben. Es geht um die Entdeckung einer neuen Haltung zum Göttlichen. Und die heißt: Hier bin ich!

Groß bist du, o Herr,
und deines Lobes ist kein Ende;
groß ist die Fülle deiner Kraft,
und deine Weisheit ist unermesslich.
Und loben will dich der Mensch,
ein so geringer Teil deiner Schöpfung;
der Mensch, der sich unter der Last
der Sterblichkeit beugt!

Aurelius Augustinus

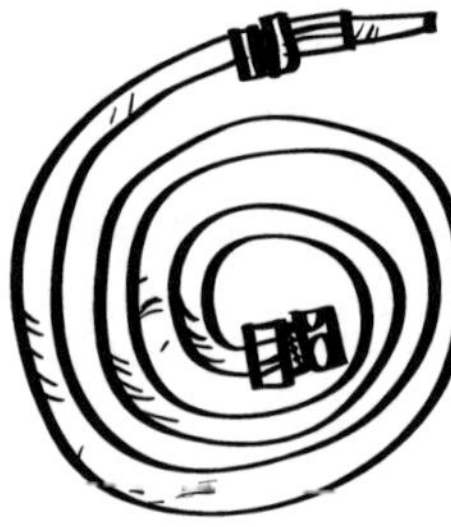

15

Das Knien der Männer

Kleine Einführung in die Demut

Darum beuge ich nun die Knie meines Herzens
und bitte dich, Herr, um Gnade.

Aurelius Augustinus

Nur einmal im Jahr legt der Heilige Vater in Rom eine Schürze an und kniet vor einem anderen Menschen. Das geschieht am Gründonnerstag, wenn er einem oft ihm fremden Menschen die Füße wäscht. Früher wusch er zwölf Männern, oft Priestern, die Füße. Dieser Dienst hat sich Gott sei Dank seit ein paar Jahren nicht mehr auf die Geistlichkeit beschränkt. Das Dienen wurde weniger zeremoniell. Es wurde echter. Wobei ich gestehen muss nicht zu wissen, wie weit nach unten in der Hierarchie er wäscht.

Anderer Leute Füße waschen und dafür auf die Knie zu gehen, ist eben traditionell auch nichts für Männer. Pflegen und Dienen ist traditionell Sache von Frauen. Und dass die Frauen für diesen Dienst vom Leben mit einem Plus von sieben Lebensjahren belohnt werden, stört den Mann nicht und beruhigt die Frauen nicht. Männer sind Herren. Und Männerjahre sind eben Herrenjahre. Und Herren auf herrlichen Pferden findet man durch die Jahrtausende zuhauf. Männer auf Knien aber sind in unseren Breiten eher Mangelware. Es gibt in unseren Geschichtsbüchern gerade mal zwei davon. Da kniet Kaiser Heinrich IV. in Canossa vor dem Papst. Und da kniet ein deutscher Bundeskanzler Brandt am Mahnmal des Warschauer Ghetto-Aufstands von 1943. Mehr ist da nicht. Wo, um alles in der Welt sollen die Männer das Knien und Dienen lernen? Von wem sollen sie es sich abschauen? Und wo soll das passieren so ganz ohne Gesichtsverlust? Wer will denn heutzutage noch von Jesus lernen, der sich immer wieder niederkniete, um zu dienen? Jesus, der uns lehrte, dass nur der, der dient und sein Leben für andere verschwendet, glücklich wird?

Die höhere Lehranstalt für kniefaule Männer ist ihr Garten. Und die dreckige Männerschürze ist seine vom Garten kündende Botschafterin. Hier wird manches orthopädisches Leiden des Rückens als mangelnde Demut vor dem Leben diagnostiziert und auch schmerzhaft therapiert. Was schmerzt, sind immer nur die Muskeln.

Die heimliche Sehnsucht der Männer, einer großen Sache endlich auf Knien zu dienen, gehört nicht ins Rotlichtmilieu verband. Sie gehört in den Garten. Dominus statt Domina!

Meine erste Gartenschürze bekam ich als kleiner noch nicht schulpflichtiger Junge von meinem Großvater geschenkt. Davon gibt es ein Foto, das ich immer wieder betrachte. Die Schürze war blau wie die Trachtenschürzen in Tirol. Aber auch die in meiner Heimat, die von den Schmieden getragen wurde, trug man stolz und knüpfte ihre unteren Enden zu einem provisorischen Beutel zusammen. Meine Schürze war von meiner Großmutter handgenäht. Und sie hatte zudem eine große Brusttasche für all das Werkzeug, das ein Mann so braucht. Auch ein kleiner Mann. Und ich war stolz. Sie ist das äußere Zeichen dafür, dass man zu den Dienern gehört, die sich helfen können, und nicht zu den hilflosen Herren. Sie ist ein Zeichen dafür, dass man weiß, wie mühevoll das Pflegen ist. Auch das Pflegen der Kleidung. Und so ist man als Schürzenträger leicht als ein Diener der anderen zu identifizieren.

Wir Männer, die Jahrzehnte ihres Lebens als Herrschaftsaspiranten unterwegs waren, entdecken hier das viel, viel tiefer liegende Glück des Dienens. Unsere Gärten legen uns unwidersprochen Schürzen an und verwandeln uns in Diener des Lebens.

Gelebte und geliebte Demut zeigt wohl den bedeutendsten Wechsel im Rollenverständnis der Männer an. Demut ist ja weniger eine Sache des Mutes, wie man beim ersten Lesen vermuten könnte. Das wäre ja wieder was für die überwunden geglaubte Kämpfernatur. Nein, Demut ist eine Sache der Stimmung, des Fühlens, in the „mood" sein. Mut/mood ist etwas, was einen Menschen für die anderen spürbar umfängt.

Eine Aura, die früher oder später das Gesicht verschönt. Kinder laufen nicht mehr schreiend weg. Für eine gelebte Demut bekommt man keine Tapferkeitsmedaillen.

16

Die Entdeckung der Kleinigkeit

Kleine Einführung in die Bescheidenheit

Wer die Grausamkeiten der Natur und
der Menschen einmal erkannt hat,
der bemüht sich, selbst in kleinen Dingen,
wie dem Niedertreten des Grases,
schonungsvoll zu sein.

Christian Morgenstern

Wenn man ihm seine volle Aufmerksamkeit schenkt,
wird selbst ein Grashalm zu einer geheimnisvollen
unglaublichen unbeschreiblichen wunderbaren Welt.

Henry Miller

Was haben wir Männer von Anfang an gekämpft, um überall oder wenigstens irgendwo der Erste zu sein! Was sind wir auf den Aschenbahnen der Sportstadien um den Sieg gelaufen, gedrillt von merkwürdigen Lehrern und Trainern! Im Kindergarten haben wir schon „Herr vom Haufen“ gespielt und vom Sandhügel der nächsten Baustelle die anderen Kinder heruntergestoßen.

Spielerisch haben wir das Leben der Männer trainiert und nach der Anerkennung der Mädchen geschielt. Denn die schienen nur Augen für den Stärksten zu haben. Es hatte auch einen zweifelhaften pädagogischen Sinn, dass uns erzählt wurde, dass riesige Wolken überall hinkämen, aber nicht in ein Mauseloch. Wir spielten dennoch „Herr vom Haufen". Und das war auch gut so. Denn so war und ist wohl auch und allezeit das Leben der Männer. Fast!

Es wäre uns doch vor unserer Midlife-Crisis und Neuausrichtung nie in den Sinn gekommen, auf die Knie zu gehen, um uns ausgerechnet dem ganz Kleinen und dem ganz Geringen zuzuwenden! Wer nach den Sternen greifen will, hat doch keinen Blick für das Gebeugte und Unscheinbare. Was waren das für goldene Zeiten, als uns nur der größte Wagen mit den meisten Pferdestärken imponierte? Was waren das für Kämpfe um die höchste Position in der Firma und in der Partei oder um alle Achttausender in einem Jahr in ein paar Jahren? Was waren das für Ansichten, wo nur die Wolkenkratzer in den Emiraten unser ungeteiltes Interesse fanden? Was sind das immer noch für Zeiten, in denen wir, einmal vor die Wahl gestellt, ob wir in eine große Maschine geschoben werden wollen, die uns den Krebs nimmt oder in eine kleine, meist auf die große deuten!

Das Größte und Stärkste war und ist oft immer noch unser Leitstern. Es waren am Ende alles nur die modernen

Standarten, die ihre Männerdivisionen um sich scharten. Und wir gehörten dazu. Einen Leid-Stern kannten wir nicht.

Und jetzt sieht man uns mit einem Mal in unseren Gärten auf den Knien nach dem Kleinsten Ausschau halten. Eine völlig neue Perspektive. Sind wir verrückt? Sind wir von irgendeiner Kraft vom guten alten bewährten Weg verrückt geworden? Stehen oder knien wir neben uns? Die völlig neue Welt des Kleinsten und Geringsten liegt auf einmal vor unseren Augen. Wir gehen durch den Frühlingsgarten, und unsere Augen suchen aufmerksam nach den ersten kleinsten Zeichen des neuen Lebens. Wir wollen dabei sein, wenn sich die Spitzen der grünen Schneeglöckchenblätter ihren angestammten Platz unter dem Apfelbaum erkämpfen. Wir haben die Rosenknospen längst wahrgenommen und sorgen uns, weil die Eisheiligen noch Wochen entfernt sind und die Allerersten immer bestraft werden. Weniger bei den Rosen, die sich schon zu wehren wissen, als bei den Baumblüten. Nicht der Erste zu sein ist jetzt wichtig geworden. Zur rechten Zeit am rechten Ort sich entfalten zu können, das ist wichtig geworden. Die rechte Zeit am rechten Ort ist wichtiger als jeder Sieg. Die rechte Ordnung hat noch jeden schnellen Sieg überlebt. Das Alte setzt sich immer irgendwann durch.

Wir laufen nun durch den Garten, nur weil wir eine einzige vergessene Tulpenzwiebel auf dem Boden im Gartenhaus gefunden haben. Wir tun alles, um ihr noch einen gebührenden Platz im Ganzen des Gartens zu sichern.

Was ist passiert? Wir haben wieder etwas entdeckt. Und diesmal ist es nicht das Große und Größte, sondern das Kleine und das Unscheinbare. Wir haben den Zauber des Kleinen entdeckt. Wir schütteln im Gartencenter die Samentüten, um stecknadelgroße schwarze Punkte wenigstens mit den Ohren zu registrieren. Möhrensamen sind so winzig! Wie Jesus mit den Senfkörnern in seinen weiten Taschen, mit denen er die Wirkung des Kleinen anschaulich macht, gehen wir mit winzigkleinen Samenperlen aus den Samentütchen über die Fluren und Beete, um ihnen einen Platz zum Wachsen zuzuweisen.

Es ist ein Prinzipienwechsel der ganz besonderen Art. Es ist ein Austausch aller bisherigen Männerwerte. Nicht der Größte zählt, nicht einmal das Kleinste zählt, weil es an die Stelle des Größten gerückt sein könnte.

Nein, es zählt, dass auf einmal alles Berücksichtigung findet. Zur Umsicht der frühen Jahre kommt die Rücksicht der späten Jahre, Respekt vor dem Kleinsten. Und noch die kleinste erbsengroße Kartoffel tragen wir im Triumph in die Küche. Alles in einem Garten.

17

Das Kümmern der Männer

Kleine Einführung ins Christentum

Der Garten ist der letzte Luxus unserer Tage, denn er fordert das, was in unserer Gesellschaft am kostbarsten ist: Zeit, Zuwendung und Raum.

Dieter Kienast

Die Blüte wirft alle Blätter ab und findet die Frucht.

Rabindranath Tagore

Wem Mutter Natur ein Gärtchen gibt und Rosen, dem gibt sie auch Raupen und Blattläuse, damit er' s verlernt, sich über Kleinigkeiten zu entrüsten.

Wilhelm Busch

Mir selber war das weniger aufgefallen. Seufzer fällen nämlich dem, der seufzt, nicht auf. Da braucht es einen anderen, der auf ihn achtet. Und am Ende war es mir auch ein wenig peinlich. Denn immer, wenn meine Frau von mir und meinem Garten erzählt, dann kommt die Geschichte mit dem Rhododendron, vor dem ich stehe und seufze.

Ihr war wohl aufgefallen, dass ich meinen vier Rhododendronsträuchern gegenüber ein unterschiedliches Verhalten an den Tag legte. Im vergangenen Sommer noch hatte ich bei allen die vertrockneten Blütenstände weggebrochen, um Platz zu machen für die neuen. Und jetzt im Mai, als ihre Zeit neu zu blühen kam, stand ich nicht bei dem Busch, der als erster seine vollen Blüten zeigte, um ihn zu bejubeln. Ich bewunderte ihn nicht. Ich beachtete ihn kaum. Ich stand stattdessen zeitverloren vor dem Busch, der es schwer hatte und noch lange nicht so weit war, seine lila Blüten durch die harten grünen Knospenblätter zu schieben. Natürlich hatte man mir längst erklärt, dass dieser Busch eine spätblühende Sorte war. Und es waren zudem auch schon einige Jahre ins Land gegangen, die das gezeigt hatten. Aber das hielt mich nicht davon ab, jedes Jahr wieder in großer Sorge vor dem Nachzügler zu stehen und ihm gut zuzureden.

Auch stellte ich wieder Überlegungen an, ob der Boden nicht doch zu kalkig und es nicht doch vielleicht besser wäre, den Boden um seinen Wurzelballen herum gänzlich auszutauschen? Die doppelte Tiefe des Wurzelballens müsste es mindestens sein. Torf müsste her! Ein Gruß aus der Heimat der immergrünen Büsche. Und wenn sie so gar nicht blühen wollten, weil der Kalk im Boden ihnen doch zu schaffen machte, dann empfand ich meinen Garten nicht als Paradies, sondern als eine Art Gefängnis, in das ich die wilden Pflanzen gesperrt hatte. Trug ich nicht Verantwortung dafür, dass es ihnen gut ging?

Wie eine Glucke, die das Verlorene suchte, stand ich mit verschränkten Armen vor dem Strauch. Wie eine Mutter, die sich um das zurückgebliebene lernschwache Kind am sorgenvollsten kümmert, stand ich da und grübelte. Und ohne es groß wahrzunehmen, war meine Seele mit den Schwächen des Busches wieder einen Schritt weiter gewandert. Ich war gewachsen. Die letzten Worte meines Vaters an mich klingen auf. Ich warf ihm damals vor, mich nie geliebt zu haben, es nie gesagt zu haben. Da antwortete er: „Ich habe für dich gesorgt. Sorgen ist Lieben." Das zu erfahren ist jetzt dran.

Es ist eine Entwicklung, die ich bei vielen erfahrenen Ärzten schon beobachtet hatte. Besonders bei den Chirurgen. Sie waren mit ihren scharfen Waffen im Krieg gegen den Tod angetreten und hatten alle Siege an ihre Fahnen geheftet. Dass aber hinter ihrem chirurgischen Eingriff von wenigen Minuten oder auch Stunden ein wochenlanger Heilprozess des Kümmerns und Tröstens, des Beistehens, Sorgens und Ermutigens beginnt, das sehen sie nicht.

Nicht der schneidige Arzt heilt, sondern die Pflege entscheidet über Tod und Leben. Chirurgie ist immer noch Kriegsmedizin, aus der sie sich auch entwickelt hat. Die Medizin der Liebe ist die Pflege.

Der Gärtner steht nicht mehr auf der Seite der Chirurgen. Er steht jetzt an der Seite derer, die Unterstützung brauchen. Alles hat doch seine gewachsene Ordnung und wenn da auch nur einer Schwierigkeiten hat, dann muss ihm beigesprungen werden. Und wenn man während seiner Berufstätigkeit nie genügend Muße und Zeit fand, am Bett der fiebernden Kinder zu wachen, steigt man heute ins Auto, um in der Gärtnerei Erkundigungen und Ratschläge und dann „Medizin" einzuholen. Zu Risiken und Nebenwirkungen fragt der Mann eben gerne mal den Gärtner.

18

Die Steine des Friedens

Kleine Einführung in Steinzeitspiritualität

Wahrlich ich sage Euch, Gott kann
aus diesen Steinen Kinder erwecken.

mtth.3

Pass dich dem Schritt der Natur an.
Ihr Geheimnis heißt Geduld.

Ralph Waldo Emerson

Wer lehrt einen Mann die Stille? Das ist wohl der, der als Erster mit dieser Gabe bei ihm war, als er noch klein war! Das ist sein erster Spielkamerad. Wie alt ist denn ein kleiner Junge, bis man die ersten Bausteine vor ihm auf den Teppich legt? Große rote Legosteine, an denen er herumnuckelt! Große bunte Plastiksteine mit Noppen, damit er sie nicht verschluckt. Steine sind offenbar nach der Muttermilch das Nächste, um aus einem kleinen Jungen einen Turmbaufetischisten zu machen. Mit Steinen aus Plastik, aus Holz und da und dort auch richtigen kleinen Steinen fängt der schöpferische kleine Mann immer an, sein Leben aufzubauen. Steine sind Symbole für das Bauen der Schöpfung. Steine sind Bausteine. Ein Stein allein ist schon dem kleinen Jungen gar nichts wert. Steine sind nur so viel wert, wie man sie aufeinandertürmen kann. Ja, ein Turm muss her, so groß, bis er umfällt. Ein Haus soll es sein. Und am Anfang muss es mindestens eine Mauer sein, „brick in the wall", oder eine kleine Brücke. Und dann sind es immer wieder Türme, über deren Sinn sich Psychologen ihre eigene Meinung machen. Und das übt der kleine Mann dann bis er es kann. Gerade müssen die Steine aufeinanderliegen, um nicht zu fallen.

Für wie viele Generationen in der digitalen Welt das gelten wird, weiß ich nicht. Aber jetzt ist es noch so. Steine sind die ersten Informationsträger einer stillen gewaltigen Welt. Sie bieten Schutz und sie ermöglichen Herrschaft. Auf einigen TV-Privatsendern läuft der Spot für „Empire: Four Kingdoms. Erbaue eine mächtige Burg... Herrsche über die Welt"! Die Steine für meinen eigenen ersten Steinbaukasten waren aus Holz. Aber in den Nachkriegstrümmern meiner kleinen Heimatstadt habe ich aus alten Ziegelsteinen meine ersten Buden gebaut.

Ein Stein, ein einziger Stein, der ganz allein ist, was soll der denn bewirken? Da wird nie ein Turm daraus. Soll er auch nicht. Ein Stein allein ist kein Baustein. Ein Stein allein ist nicht wichtig für Trutz und Macht. So ein Stein liegt höchstens irgendwo im Weg und ist da und dort auch ein Stein des Anstoßes. Aber wie alt muss ein Mann werden, um die Würde eines Steines zu entdecken? Wie alt muss ein Mann werden, um überhaupt Überlegungen anzustellen, ob ein Stein denn Würde hat? Berge, ganze Gebirge, Dreitausender ja, die haben Würde. Aber die leiten sie allein von ihrer Größe ab, wenn sie mit dem menschlichen Maß in einen Vergleich gerät. Aber ein einzelner Stein? Hat der Würde? Hat der Autorität? Hat der etwas zu sagen oder gar zu verkünden?

Wenn ich zurückdenke, dann war ich wohl noch keine sechs Jahre alt, als ich die verstorbenen Schmetterlinge in der Nähe der Weißdornhecke neben dem Sandkasten begrub. Und nachdem ich sie in ein Tulpen- oder Rosenblättergrab gebettet hatte, legte ich als Abschluss einen irgendwo gesuchten kleinen Stein auf das Grab. Die holte ich dann aus den Ecken des Gartens, wo mein Vater den scheinbaren Unrat sammelte, der in der Eisenharke beim Rechen der Beete hängen blieb. Gelbe lehmige flache Steine waren das.

War das nur eine kleine Imitation des Rituals vom Friedhof gegenüber? Oder steckt das wie ein Archetyp tief in uns allen? Wir geben der Erde zurück, was aus der Erde kommt. Ein Ausgleich will überall standfinden. Aber warum krönte ich das Grab des Schmetterlings mit einem Stein?

Ein Stein hat offenbar nicht nur die Funktion, ein Baustein zu sein, behauen oder auch nicht. Er hat offenbar auch eine Botschaft, modern gesprochen: Er hat eine Information, die er weitergibt und ausstrahlt. Er hat eine Ästhetik. Er hat eine Seele. Er hat eine Botschaft und er hat Kraft.

Was ist das für eine Information, die kein Geophysiker aus ihm herausholen kann, weil sie jenseits der Physik liegt? Was trieb unsere germanischen oder steinzeitlichen Vorfahren, unsere Vorväter- und mütter dazu, Hünengräber zu bauen und die Toten von Steinen beschützen zu lassen? Was ist das für ein Schutz und für eine Begleitung in den Tod und die Unterwelt, der tief in den Steinen liegt? Vordergründig ist er gut gegen Grabräuber. Aber was sollen die „Hinkelsteine" im englischen Stonehenge bedeuten? Sind es tonnenschwere Überbleibsel einer unbekannten Kosmologie oder sind es doch Relikte einer frühen Tempelzeremonie? Was rechtfertigt die gewaltigen Bemühungen, gerade den Verstorbenen Steine als Begleiter mit auf den Weg zu geben? Warum legen die muslimischen und jüdischen Glaubensbrüder und -schwestern bei jedem Besuch einen kleinen Stein auf das Grab ihrer Liebsten? Warum türmen sich auf deren Friedhöfen Steine über Steine, die nie und niemals abgeräumt werden dürfen?

Jenseits aller frommen Begründungen tragen sie doch mit dem Stein eine Botschaft zu ihren Verstorbenen. Was ist das für eine Botschaft? Was ist das für ein nachgetragenes Geschenk? Für mich ist es klar: Sie bringen die innere Botschaft des Steins zu ihren Verstorbenen. Und die ist immer dieselbe: Sie lautet: R.I.P. Requiescas in pacem – Mögest Du in Frieden ruhen. Ruhe, Frieden, Ewigkeit. All das, für das ein Stein steht. Denn wenn wir den Stein vom Grab wälzen, stören wir die Totenruhe.

All das war mir noch nicht so klar, als ich mit gut vierzig Jahren durch die märkische Streusandbüchse fuhr, um nach Feldsteinen für meinen Berliner Garten Ausschau zu halten. Sie liegen da überall an den Feldrainen herum. Meist sind sie zu schwer, um von einem Mann in meinem Alter und mehr noch mit meiner Konstitution in den Kofferraum eines Kleinwagens gehoben zu werden. Aber die, die ich aufheben konnte, die nahm ich mit und wälzte sie in meinen Garten. Mal hatten sie den rötlichen Schimmer von Buntsandstein. Und mal waren es harte graue Granitbrocken, die das Eis vor Jahrmillionen hier liegen ließ. Nun sind alle Natursteine Jahrmillionen alt. Aber wenn sie dazu noch eine Geschichte erzählen, dass sie einmal auf Wanderschaft waren, um sich irgendwann doch von dem ständigen Treiben und Druck ausruhen zu können, dann gehen sogar Steine und Menschen in Resonanz zueinander. Sie verstehen und achten sich als Persönlichkeit. Daher wollte ich solche Steinpersönlichkeiten auch nicht bei den Steinmetzen und im Gartencenter kaufen. Ich wollte die Findlinge selber finden. Sie schienen mir einen anderen freien Geist zu haben als vom Zaun des Gartencenters gefangen genommenen. Und auch aus den rheinischen Braunkohlegruben zwischen Köln und Aachen nahm ich zwei Riesensteine mit, um sie meinen Schwiegereltern zur goldenen Hochzeit in deren Berliner Garten zu setzen.

Aber Steine mit besonderen Geschichten findet man bei vielen Männern. Man findet sie auch bei Günter Wallraff im Garten und bei mir in der Wohnung. Ich habe sie zusammengetragen aus Italien vom Gardasee und von der Küste des Mittelmeers, aus Griechenland und Malta, aus Finnland und Mexiko. Umgang färbt eben ab, und so geben sie mir Frieden. Wenn jemand zur Ruhe kommen will, dann gibt es nichts Besseres, als sich in die Nähe seiner Steine zu begeben. Sie sind das Symbol für Ewigkeit, für Ruhen in Frieden und Frieden, für den einen Frieden auf Erden.

Also, zeige mir deine Steine im Garten, und ich sage dir, wie sehr du zur Ruhe gekommen bist oder dich danach sehnst. War das schwer, ihn in deinen Garten zu transportieren? Ähnlich schwer wie vor Jahrtausenden? Eine Art Gottesdienst vielleicht? Weil du unter großen Opfern und Entbehrungen einen sonst nutzlosen Stein in den Garten gesetzt hast? Ist es ein einziger Stein, der da von dir aufgerichtet wurde und nun über den Garten wacht? Ist es ein Mahnmal? Und wenn ja, für was?

Zeige mir deine Steine im Garten, und ich sage dir, dass du etwas keltisches Bewusstsein in dir trägst, das immer wieder durch die Veredelung des Christentums durchschlägt wie Altes eben das Neue immer noch bestimmt. Als wenn mit dem Ablauf der Jahrhunderte und Jahrtausende alle Hochreligionen dieser Welt irgendwelche Spuren in allen Menschenseelen hinterlassen, die dann in ihren jeweiligen Gartenparadiesen sichtbar werden.

19

Regenwasser

Kleine Einführung in den Taoismus

Auf der Welt gibt es nichts, was weicher
und dünner ist, als Wasser.
Doch um Hartes und Starres zu bezwingen,
kommt nichts diesem gleich.
Daß das Schwache das Starke besiegt,
das Harte dem Weichen unterliegt,
jeder weiß es, doch keiner handelt danach.

Laotse (6. oder 4. - 3. Jh. v. Chr.)

Was murmeln eigentlich die Bäche so vor sich hin? Und warum macht das Wasser einen Bogen um den Stein in der Mitte des Flusses? Und was weiß die Ebbe von der Flut und trägt es mit sich? Gibt es da eine Weisheit abzulauschen, die man bis jetzt überhört hat?

Jedenfalls boomen in den letzten Jahren die künstlichen Regentonnen in den Baumärkten. Sie sind durchweg aus Plastik und imitieren, wenn man Pech hat, griechische Säulen des Altertums. Meist aber sind sie grün und riesengroß.

Wenn man sie kauft, spart man eine Menge Wasser- und Abwassergebühren für den Garten, weil man das Regenwasser auffängt. Das ist die vernünftige Begründung für die Ehefrau, die weiterhin die Haushaltskasse führt. Die aber lächelt in ihrer Weisheit, mit der sie ihren Mann gewähren lässt. Denn wie viel Kubikmeter Wasser müsste man einfangen, um diese Investition für den Garten zu amortisieren?

Es geht also den Herren der Schöpfung auch hier um eine spirituelle Dimension, um einen unnützen Spleen also, den wir Männer uns für unsere hausgemachte spirituelle Dimension leisten. Die geistliche Dimension ist immer leicht daran zu identifizieren, dass es sich um etwas total Nutzloses handelt.

Es ist in erster Linie wohl eine neue Wertschätzung des Wassers und jedes Wassertropfens, die da in uns auftaucht. Das Kleine und Geringe bekommt Gewicht. Ein kleiner Wassertropfen in einer Gegend, die sich um gutes und reichliches Wasser keine Sorgen machen muss, steht stellvertretend für alles neu entdeckte Kleine im Fokus der der reifenden Männer. Wasser wird auf einmal als Schatz wahrgenommen. Das ist schon ein großer Schritt in die neue Welt. Der ist aber auch nötig, um die wahre Qualität und die Kraft und Energie des Wassers zu ehren. Aber hier, wenn die Männer in den Baumärkten an den künstlichen Regenfässern und grauen Plastikfallrohren stehen bleiben und nachmessen, wie sie die großen Fässer in ihrem PKW nach

Hause befördern könnten, ist ihnen zunächst die Quantität, das Volumen, der sonst vergeudeten Milliarden Tropfen des Wassers wichtig. Während ihrer Entwicklung zum neuen Mann wird ihnen aber bald auch die Qualität des Wassers aufgehen und immer wichtiger werden. Welche seelische Botschaft und welche Information birgt das Wasser in sich, dass wir es am liebsten mit Hilfe eines künstlichen Kanals durch den ganzen Garten führen würden? Und was soll der künstliche Gartenteich, der in seiner Mitte einen Springbrunnen hat? Das sieht doch sehr nach Taj Mahal aus, nach dem berühmten indischen Grabmal einer hier muslimisch geprägten Tradition.

Einen Bach mit allen seinen Spielarten im Garten anzulegen ist eine Art Gottesdienst. Wasser ist die Mutter des Lebens. Wasser ist selbstredend auch die Mutter des Mannes. Und so ehrfurchtsvoll wie mit seiner Mutter geht er jetzt mit ihm um. Die berühmte Reise des Regentropfens, die man früher in der Grundschule noch lernen musste, findet jetzt eine mystische Resonanz. Aufgestiegen aus dem Nichts, allein durch die Kraft der Sonne und des Lichts, sind wir als unendlich kleiner Teil des Ganzen unterwegs, auf einer unverwechselbaren Reise. Irgendwo werden wir aus den großen Wolken geboren und fallen auf ein Stück Erde, ungefragt und unentschieden. Und dann geht es holterdiepolter unter und über der Erde den Fluss entlang. Und im Herzen immer das Wissen und Ahnen der eigenen

Herkunft, die sich nun in Sehnsucht nach dem Großen verwandelt hat. Was vor uns liegt, liegt hinter uns, und was hinter uns liegt, liegt vor uns. Es gibt keine stringente Entwicklung. Wir sind wie ein Wassertropfen unterwegs zum Ozean, in dem wir zwar unsere Form verlieren, nicht aber unsere Substanz.

Und so sind alle Formen des Lebens vor aller Zeit im Wasser gewesen, längst gebildet und vorgeformt. Wassertropfen können sich aneinandergereiht wie Würmer vorwärtsbewegen und sich paaren und zu einem neuen „Wesen“ werden. Wasser ist unsere Mutter. Und so zieht es alle Männer dieser Welt nicht nur abends zum Wasser hin: Sie gehen am Meer entlang, sitzen an den leise ins Kiesbett verschwindenden kleinen Wellen unserer Seen und Flüsse. Hier kommen sie zur Ruhe. Hier finden sie ihre Mitte wieder. Hier sind sie ein paar ebenso individuelle wie vorübergehende Tropfen des großen Fruchtwassers, das wir Leben nennen und als eine Art Gott verehren. Hier sind sie zuhause. Abend an einem See ist ein tiefes Gefühl von nach Hause kommen.

Diese innere Tiefe des Wassers zu erspüren hat seine Spuren in den schamanistischen Traditionen Chinas des Tao Te King genauso hinterlassen wie in der Verehrung des Wassers bei den Muslimen in aller Welt. In ihren Prunkgärten im Zweistromland stand immer ein Springbrunnen in der Mitte. Von ihm gingen in alle vier Himmelsrichtungen die Wege aus. Das Wasser des Lebens strömt in alle Richtungen. So kommt jedem simplen Springbrunnen aus dem Baumarkt eine ungeahnte Bedeutung zu. Ihre Konstruktion und Funktion verdanken sich alle einem tief in uns verborgenen und verehrten Bild vom lebensspendenden Wasser. So planen wir Gartenbauer unsere Fontaine gern in der Mitte des Gartens. Von ihr geht alles Leben aus. Sie ist ein Symbol und wirkt wie ein Symbol auf uns. Eine Fontaine wird nie am Rande des Gartens stehen. Da rauscht ein wilder Wasserfall.

Woher wissen wir Männer eigentlich, dass wir mit dieser Entscheidung wieder einmal wie in den Kapiteln zuvor angedeutet einer der altehrwürdigen Hochreligionen und ihren Symbolen huldigen? Und das ausgerechnet mit dem Kauf einer merkwürdigen Regentonne und einem Springbrunnenbaukastensystem eines Gartengeräteherstellers? Es hat uns niemand gesagt. Und es muss uns auch keiner sagen oder lehren. Wir tun es aus einer natürlichen Mystik heraus, die unsere innere Heimat immer wieder materialisiert.

Das weiche Wasser, das nach Laotse den Stein besiegt, hat aus den Spritzenmännern der frühen Jahre, die sich an jedem Rohr zu schaffen machten, gereifte Männer des Schauen und Verehrens gemacht.

20

Das Schweigen der Männer

Kleine Einführung ins Mönchtum

Man soll der Schweigsamkeit zuliebe bisweilen sogar auf gute Gespräche verzichten.

Aus der Regel des Hl. Benedikt

Am Baum des Schweigens hängt eine Frucht, der Friede.

Arthur Schopenhauer

Stille ist unmittelbare und universale Gottesoffenbarung. Sie ist tiefer als alle Offenbarungen durch einzelne Männer und Frauen. Zuerst die Stille! Zuletzt die Stille! Stille ist für uns Menschen das A und O.

Männer reden nicht. Das müssen sie auch nicht. Wenigstens jetzt nicht mehr, jenseits der Lebensmitte. Entwicklungspsychologen sagen, das Schweigen der Männer läge in der archaischen und über die Jahrhunderttausende bewährte Rollenverteilung zwischen Männern und Frauen begründet. Während die Frauen zu Hause und im Dorf für die Kommunikation und die ständige soziale Kontrolle zuständig seien, seien die Männer mit ihren vierzig Prozent mehr Muskelmasse in den Oberschenkeln in einer Jagdmeute unter Männern bestens aufgehoben. Und da würde mit jedem gesprochenen Wort das Wild verscheucht oder der potentielle Feind gewarnt. Männer reden nicht, früher nicht und heute, eine knappe Million Jahre später, immer noch nicht. Und welche Frau könnte das ohne jedes intensivere Studium der Steinzeit und das besondere Jagdverhalten der Männer nicht sofort bestätigen?

Es gibt allerdings einige kleine Einschränkungen. Einmal reden die Männer mit ihren Kumpanen vor der Jagd und vor dem Spiel. Sie treffen dann Jagd-Verabredungen in den Kabinen unter den Stadien. Und dann fallen sie auf dem Spielfeld unter lautem Geschrei und Gejohle ihrer Fans über den Gegner her. Aber das Gejohle und Geschrei ist im Grunde kein Reden. Da artikuliert sich nichts. Das Schreien ist eine Männerwaffe, die dem Gegner Angst machen soll und Mauern zum Umfallen bringen kann. Das ist die alte Jerichotaktik, die ganze Mauern und Städte zum Einsturz bringt. Und endlich hält das eigene und kollektive Feldgeschrei die subjektive Angst unter der Decke. Aber dann reden die Männer doch noch ein drittes Mal, nämlich dann, wenn sie um eine Frau werben. „To talk somebody in someone's bed" weiß der Engländer von seinen Vorfahren. Die Männer wollen mit ihrem Reden die Frauen ins Bett bekommen und Liebe machen. Aber damit hat es sich dann auch schon.

So ein Reden und Wortemachen ist auch nicht viel mehr als die Imitation des ständigen Kommunikationstriebes des weiblichen Jagdobjekts. Die aber brauchen solche Kommunikation zum Überleben. Sie müssen wissen was los ist. Auch wenn sie in ihren stärksten Jahren mit Kindern an den Händen oder im Leib an einen Ort oder nur an ein eingeschränktes Umfeld gebunden sind. Männer hingegen, die mit ihren Muskelpaketen selber nachschauen könnten, was Sache ist, imitieren das Reden der Frauen, um ihnen vorzugaukeln, sie seien kommunikativ gleich begabt.

Männer als Frauenflüsterer! Denn Gleich und Gleich gesellt sich bekanntlich und statistisch gesehen gern. Aber da sind die Männer auch nur die schlechteren Vögel, die, wenn mit der Paarung und mit der Aufzucht alles gelaufen ist, spätestens also ab Mitte August, ihren Mund halten. Der Jäger im Mann weiß schließlich, dass Lockenten wirken müssen wie echte Enten. Und was dem Auge recht ist, ist dem Ohr billig. Wenn aber Jagd und Trieb vorbei sind, schweigen die Männer wieder. Dass heißt aber nicht, dass sie nicht kommunizieren. Ihre Kommunikation läuft in der Stille ab und ist voller Geheimnisse. Und das bleibt auch so bis zu ihrem Tod.

Aber vielleicht lernen die Männer in der ihnen von ihrer Natur auferlegten Stille das Schweigen anderer Wesen zu verstehen und zu teilen? War nicht auch Monty Roberts, der

Pferdeflüsterer, deshalb so erfolgreich, weil er die absolut stille Kommunikation der Pferde entschlüsselte? Hätte er geredet, wären die Pferde davon galoppiert. Und was den Pferden recht ist, ist den Hunden billig. Da offenbart sich wieder einmal, dass Männer im Grunde genommen nicht nur Kampfmaschinen sind, sondern tief drinnen auch Fluchtwesen wie die Pferde. Wer hätte das gedacht! Ihre Kraft liegt nur oberflächlich in den Oberschenkeln: Mit der Meute kämpfen oder aber weglaufen! Widerstand oder Flucht und Ergebung! Schweigende Männer passen also ideal zu anderen schweigenden Wesen. Schweigende Männer passen zur schweigenden Kreatur. Reifende Männer passen zu reifenden Pflanzen. Der Garten ist ihre Klausur, ihr Kloster. Seine stillen Wege sind ihr Kreuzgang. Und den Gesetzen der Natur sind sie gehorsam ohne Widerrede. Eine lange Schürze wirkt wie eine Kutte. Und das dritte monastische Versprechen, die sexuelle Enthaltsamkeit, ist nicht mehr so das Thema. Testosteron war gestern. Alles in Maßen!

Morgen für Morgen sieht man mich durch meinen Garten gehen. Ich bin barfuß. Der kalte Morgentau unter den Fußsohlen und zwischen den Zehen weckt mich mehr als mir oft lieb ist. Hinter mir im wilden Rasen die Spur meiner Füße. Oft bleibe ich vor den Pflanzen stehen und schaue sie an. Und sie schauen mich an. Es ist das wortlose Schauen, was tiefer und tiefer bewegt. So viel wie ein griechischer Philosoph können sie längst wortlos ausdrücken: Geh mir aus der

Sonne! Ob ich mit ihnen rede? Nein! Wir schauen zusammen. Wir schweigen zusammen. Wir wissen Bescheid. Wir schweigen gemeinsam über das, was anfällt, und dann über all die anderen Themen des Lebens. Und dann erst sehe ich nach, ob die grünen Blattläuse die Rosenknospe erobern. Dann sehe ich, dass die Schildläuse an meinen Zitrusfrüchten räubern, und frage schweigend, ob ich helfen muss? Irgendwie gibt mir mein schweigendes Gegenüber zu verstehen, dass es sich wohl oder unwohl fühlt. Wer so mit den Pflanzen schweigt, der führt für Momente das Leben eines Menschen, den wir früher als „Wilden" diskriminierten; das Leben eines Indianers, eines Naturmenschen, der deswegen über zigtausend Jahre in Harmonie mit der Natur überlebte, weil er schweigend mehr wahrnehmen konnte als redend. Ein Mensch war das, der die Welt nicht behandelte wie ein Ding, ein Objekt. Er kommunizierte schweigend und handelnd mit Mutter Erde.

„Wilde" Männer waren präzise in ihrer Anwesenheit. Ihr Instinkt hielt sie wach. Davon träumen wir in unseren Gärten, wieder zu werden wie sie! Wir reifende Männer sehen wieder die Blätter fallen wie von ferne. Und wir wehren uns nicht mehr gegen das kleine und große zu Boden sinken. Es ist in Ordnung so. Alles ist gut. Schöpfungstage enden mit diesen Worten. Außer für ein paar Verrückten unter uns. Die gibt es immer, um die Regel zu bestätigen. Es sind Männer von gestern, die sich Laubbläsersauger kaufen und mit großem Getöse und Gebläse durch den Garten ziehen. Seid geduldig mit ihnen! Sie sind wie pubertierende Kinder, die ein Riesengetöse um sich machen, um sich selbst zu versichern, dass es sie gibt. Unerlöst noch! Wir anderen aber harken die Blätter auf dem Rasen zusammen, decken mit dem Laub den Boden ab, geben dem Baum zurück, was er in seiner Fülle hingab, geben dem Igel ein Nest und den kleinen nützlichen Tierchen ein wärmendes Zuhause.

Und dann haben wir ja zwischenzeitlich entdeckt, dass genau da, wo der Blattstiel sich vom Ast gelöst hat, in einem unbeobachteten Winkel am Zweig schon eine neue Knospe sitzt. Aber die wird einen Winter warten, um bei genügend Sonnenstunden pro Tag aufzugehen. Der neue Tag wurzelt im Abend vorher. Und der Sabbat beginnt am Freitagabend. Alles zu seiner Zeit. Omnia tempus habet.

Unsere Pflanzen verlangen nicht, dass wir mit ihnen reden, wiewohl sie alle eher als weiblich erscheinen. Sie haben etwas Mütterliches. In den Lateinstunden musste ich lernen, dass „Insel, Bäume, Städte, Land als Femininum sind bekannt“. Sie erwarten, dass wir sie schweigend verstehen. Das ist eine höhere Form der Liebe und Zugehörigkeit. Aber schweigend führen und begleiten uns die Pflanzen auf einen anderen Lebensweg. Wir verlernen das männliche Jagen, diese Jagdteile des Gehirns bilden sich zurück, und wir lernen die weibliche Hingabe. Wir werden bald ein wenig weiblicher aussehen. Ein kleiner Bauch wird sich bei uns bilden. Haben die Früchte des Gartens nicht auch eine Information, die weit über ihre Vitamine und Mineralstoffe hinausgeht? Sind sie nicht auf Hingabe angelegt und wollen wahrgenommen und aufgegessen werden, um da und dort im Misthaufen mit den lebendig gebliebenen und wiederauferstandenen Kernen ein neues Leben zu beginnen? Warum ziehen sich die Pflanzen in ihrer Pracht so schön an „wie Salomonis Seide"? Sie tun sonst nichts. Sie kämpfen nicht. Sie sind „nur" schön. Sie locken und verlocken. Sie ziehen ihre Kleider nur an, um sie wieder ausziehen zu können.

Und was ist in den Mann gefahren, der wie Loriots „Pappa" auf einmal aus seinem Garten mehr und mehr Gemüse anschleppt und erwartet, dass nun mehr Gemüse aus dem eigenen Garten verzehrt wird? Das war bislang im traditionellen Rollenverständnis der Bereich der sorgenden Hausfrau, die alles im Auge hatte, das was der eigene Garten hergab und das, was zugekauft werden musste. Da hat sich jetzt etwas völlig gedreht: Da ist aus einem Fleischfresser offenbar ein Vegetarier geworden, der sich von den Früchten des Feldes ernähren will wie einst Adam und Eva und dann der Prophet Daniel im Exil.

Ernährungswissenschaftler wissen, dass kleine Jungen unabhängig von ihrer Kultur und Umwelt mehr Fleisch haben wollen als kleine Mädchen. Und das ist auch völlig unabhängig von jeder Erziehung und jedem Vorbild. Und jetzt, ein halbes Leben später, kommen wir Männer mit dem Gemüse aus dem Garten und sind schon zufrieden mit Kartoffeln, etwas Butter und Salz und einer Käsesoße. Es ist das einfache Leben, das uns zu faszinieren beginnt. Abends unter der Stehlampe lesen wir in unseren bequemen Sesseln auf einmal bunte Bücher über Klostergärten.

21

Der Gartenweg

Kleine Einführung ins Pilgerwesen

Ich bin ein Pilger, ein Heimatloser
wie alle meine Väter

Ps.39,13b

Unkraut, Heilkraut, Wegerich steh'n am Weg,
bewegen mich, da wo gar kein Weg mehr war,
trug mich weglos die Gefahr.
Unkraut, Heilkraut, Wegerich, steh'n am Weg,
bewegen mich, bis zuletzt die Wolke kam
und mich in den Himmel nahm.

Wilhelm Willms

Auf dem Grab meines Vaters steht kein Stein. Er wollte gehen, ohne Spuren zu hinterlassen, er wollte spurlos von dieser Welt verduften. Nur ein paar Blumen und eine Krüppelkiefer weisen mir den Weg, wenn ich ihn dort besuchen gehe. So war er. Dass er ganz ohne menschliche Zeichen und angestrengter Pflege in Erinnerung bleiben wollte, hätten wir schon zwei, drei Jahrzehnte vorher wissen können.

Das war an einem dieser furchtbaren Samstage, an denen wir drei halbwüchsigen Jungs dem Vater im Garten helfen mussten. Da stand er eines Morgens gegen sieben Uhr bei uns in den Schlafzimmern und holte uns aus unseren Betten. Er wollte mit unserer Hilfe alle Wege, die durch den Garten führten, einebnen und somit den Garten zu einem Stück Landschaft machen. Die Zeit, in der alles seinen bestimmten Weg gehen musste und niemand vom Wege abkommen durfte, um seine Ziele zu erreichen, war für ihn vorbei. Er hatte sein Ziel erreicht. Sein Weg war vollendet. Er starb früh.

Ein Garten braucht keine Wege. Wenigstens keine, die mit so viel Liebe und Aufmerksamkeit angelegt werden wie Gartenwege. Die Trampelpfade zwischen den Gemüsebeeten sind keine Wege. Sie führen nirgendwo hin. Gartenwege sind anders. Sie manifestieren eine innere Wirklichkeit und spirituelle Wirkung.

Der Weg ist auch in unseren Gärten nicht das Ziel. Der Weg ist der Weg. Und er ist in unserer Sprache männlich. Er führt. Der Weg führt weg. Ob er dabei an ein Ziel führt, bleibt unklar. Um den Weg zu ermessen, braucht es Bewegung. Der Weg führt irgendwo hin. Er ist also stark. Gartenwege, das empfehle ich aus seelsorgerlichen oder spirituellen Gründen, sollte man wie weiland der Hänsel aus dem Märchen mit weißem kleinkörnigem sogenannten

„Riesel“, kleinen Kieselsteinen, versehen. Weniger darum, weil solcher Kies gern auf Friedhofswegen gebraucht wird. Da soll er in erster Linie die Nässe des Regens schnell im Boden versickern lassen.

Vielleicht ist solch ein weißer Weg auch ein kleines Zeichen des Himmels in der Dunkelheit der Trauer. Die Trauernden schauen ja ständig zu Boden. Ihre Augen sind von der Trauer gehalten und achten nicht auf den Weg. Sie sind bei ihren Verstorbenen, die sie bei Mutter Erde vermuten.

Wege im Garten aber haben eine andere Aufgabe. Und es geht bei weißen Kieswegen im Garten viel mehr darum, mitten im Garten ein zusätzliches Meditationsobjekt zu installieren, das als solches so ohne weitere Erklärung gar nicht erkannt wird. Das ahnt aber längst jeder gut sortierte Baumarkt und führt die weißen Kieselsteine in allen Größen. Solche kleinen Kieselkugeln sind der „Rosenkranz“ der säkularisierten Männer. Die weißen Steine führen in die Stille, in die Gottesnähe. Sie scheinen rein zu sein. Und sie sind ein Symbol für Gleichheit. Sie sind alle gleich groß und wirken frisch geharkt und von allem Unkraut befreit wie die Hunderttausend weißgekleideten Muslime auf ihrer Pilgerfahrt an ihrem Ziel in Mekka. Vor Allah sind sie alle gleich weiß! Nur in ein Tuch gehüllt. Mehr nicht.

Für den Außenstehenden ist ein Kiesweg eher eine saubere Lösung. Jedes kleinste grüne Unkraut wird sofort gesichtet, identifiziert und kann umgehend beseitigt werden. Da bleibt nicht einmal eine Wunde. Und dann bringt der weiße Kies zusätzlich Licht in den Garten.

Aber wieder einmal hat der funktionierende säkularisierte Westen der Welt die Rechnung ohne den großen Gärtner im Himmel gemacht. Er hat nicht mit den geheimnisvollen Botschaften und Einflüssen gerechnet, auf die der spirituelle Osten setzt. Es sind ja diese unwillkürlichen, unbewussten Einflüsse, die alles, aber auch alles, was uns auf unserem Lebensweg begegnet, auf uns und unser Seelenleben haben. Kieselsteine als eine Art stiller Rosenkranzersatz! Wer hätte damit gerechnet? Weiße Kieselsteine als Meditationsobjekt?

So wie die 60 Perlen des Rosenkranzes mit dem Daumen geschoben durch die Finger gleiten, um für die Seele einen unsichtbaren Kokon des Friedens zu weben, so gehen auf dem sauberen Kiesweg die Füße, Schritt für Schritt und verrichten einen ähnlichen Dienst in uns: Werde ruhig! Lass das Reine auf dich wirken! Vertraue der Wirkung der weißen Steine! Welcher Kunde, der wieder einmal einen dieser großen schweren Plastiksäcke voller Kiesel vom Gartenmarkt in seinen Kofferraum schleppt, ist sich dessen bewusst? Einem Japaner muss man das nicht dreimal erklären. Er kennt seine Mönchs- und Meisterkulturen und er weiß um die große Bedeutung der geheimnisvollen Kieselsteine.

Wer seine Gartenwege pflegt, pflegt stellvertretend oder symbolisch seine Lebenswege. Das ist ja nicht neu. Wer im Frühling seine Garage aufräumt, räumt doch in Wahrheit seine Seele auf. Da regiert uns eine natürliche Mystik der Auferstehungen. Einen Steingarten mit vielen unterschiedlichen Steinen und viel weißem Kies zu haben, das ist in der östlichen Welt der Gärten und Weisheiten schlechthin das ideale Objekt, Ruhe und Konzentration und Führung in die unruhige Seele zu harken. Müßiggang ist auch dort aller Laster Anfang. Und eine Seele, die sich orientierungslos, also ohne Orient und Occident langweilt, muss auch im Osten körperlich rangenommen werden. Während wir im unruhigen Westen unsere Gartenwege noch harken auf Teufel komm raus, harken die japanischen und chinesischen Mönche und Meister ihren Kies ohne Hast und Ziel! Der Rechen in der Hand zieht nicht nur gerade Linien. Er ist oft die Wünschelrute der Seele, die verstärkt die Unruhe der unerlösten Seele in Kies zeichnet. Nichts ist am Anfang geometrisch. Aber dann: Mit einem großen Rechen ziehen sie immer wieder die kleinsten und sorgfältigsten Muster in das weiße Kiesbett und wandern mit dem Rechen dann spiralförmig auf die Mitte zu. Es ist eine Konzentrationsübung, die im Äußerlichen, Chaotischen ihren Anfang nimmt. Sie wiederholen und imitieren die Lebensspirale, die Urform des Lebens, die Spiralnebel der Sterne und dann die Wasserstrudel, die das Grundmuster des Lebens zu sein scheinen. Es ist eine Zen-Übung im Garten.

Ihr zentrales Anliegen ist die Wirkung des geordneten Weges auf die Seele. Und liegt der Kies einmal im Garten, dann übernimmt er wie von selbst das Kommando. Er will geordnet werden. Er fordert. Die Zacken des Rechens ziehen kleinste Furchen. Und das Auge findet das, was es sucht, Halt und Ordnung. Es ist eine innere und äußere Übung gegen das immerwährende Chaos um uns herum. Es ist ein wirklicher Garten im Garten, ein „Garde-Teil", ein Geordnetes, Behütetes, Gepflegtes, Beschütztes!

Die Ränder der Wege im Garten werden da und dort von Bäumen oder kleinen regelmäßig wiederkehrenden Stauden oder Buchsbäumen gesäumt. Diese kleinen Alleen oder Hecken symbolisieren den Lebensweg und stützen das aufkommende Gefühl, dass man nicht ausweichen soll nach rechts und links. Auf dem Weg zu bleiben ist die Botschaft der bewachsenen Ränder und Alleen. Und wenn man von dem Garten aus durch eine solche kleine Allee in Richtung Haustür schaut, da offenbaren sie sich auch als Heimwege.

Es ist ein ständiges Schauen und Loslassen, das uns auf unseren Wegen begleitet. Kleine Abschiede. Aber vor allen Dingen ist es Führung, der sich die Füße unterwerfen. Das große und am Ende so tragende Gefühl geführt zu werden ohne immer neu zu entscheiden, ist die verdeckte spirituelle Dimension der angelegten Wege. Hape Kerkeling, der große Pilger unserer Tage entdeckte erst auf dem Pilgerweg, welche Wirkung allein der Weg auf seine Seele hat. Meinte er anfänglich sich mit seinem Kopf für eine solche Pilgerschaft entschieden zu haben, machte ihm der Weg schmerzhaft klar, dass er damit nicht weiterkommt. Der Schmerz verstellte ihm das Ziel. Erst als er umschaltete und über die Füße spürte, dass er vielleicht gerufen wurde und geführt, geht „es“ weiter und „es“ geht ihm gut.

Es ist eine Sehnsucht in uns, an unsere Ziele geführt zu werden. Das ist das alte und jetzt neu entdeckte Vertrauen in uns. Urvertrauen ist Vertrauen in Führung. Und Führung ist Vertrauen in den Weg, den man geht. Und hier auf den Gartenwegen wird heimlich daran erinnert. Wir legen beizeiten die Wege an, dass wir zu unseren Unzeiten geführt werden. Baust du Wege in der Zeit, dann hast du sie in der Not! Übst du sie zu gehen, dann führen sie dich ohne dass du hinschauen musst. Füße haben auch Wahrnehmungen.

22

Unkraut/Heilkraut

Kleine Einführung in die Apotheke Gottes

Es genügt nicht, mit den Pflanzen zu sprechen.
Mann muss ihnen auch zuhören.

Autor unbekannt

Unkraut ist die Opposition der Natur
gegen die Regierung der Gärtner.

Oskar Kokoschka

Unkraut ist alles, was nach dem Jäten wieder wächst.

Mark Twain

Unkraut nennt man die Pflanzen,
deren Vorzüge noch nicht erkannt wurden.

Ralph Waldo Emerson

Wenn in hingebungsvoll gepflegten Gärten
Gärtner nichts Unerwünschtes am falschen Platz
wachsen lassen, kann es passieren, dass an anderem
Platz das Unerwünschte spontan ins Kraut schießt.

Christa Schyboll

Im Herzen Gottes gibt es kein Unkraut.

Hildegard von Bingen

Im Grunde ist es zuerst eine Spiritualität der Nutzlosigkeit, die uns Männer als Lehre im Umgang mit dem Unkraut erwartet. Denn dem Gesetz des „do ut des", des Utilitarismus haben wir uns bisher uneingeschränkt unterworfen. Alles musste einen erkennbaren Nutzen bringen. Wenn nicht, haben wir es gelassen. Love it or leave it! Kämpfen oder weglaufen! Sogar das Glück haben wir diesem Gesetz unterworfen. Man soll Glück geben, damit es irgendwann und irgendwie vielfältig zurückkommt. Etwas nur mit wachsender Begeisterung zu tun, was erkennbar nutzlos ist und keine Erträge bringt, ist uns bislang nicht untergekommen. Wir investierten nur um zu gewinnen bzw. nicht allzu viel gewonnen zu verlieren.

Früher haben wir Männer die Welt nach Feinden und Freunden eingeteilt, und der Feind meines Freundes war auch mein Feind, und der Freund meines Freundes war auch mein Freund. Allein, die Politik hätte uns lehren können, dass diese einfache Sicht von Gut und Böse, Freund und Feind nicht wirklich funktioniert. Wir schauen beim Streiten zu gern auf den Angriff und nicht auf das Ende. Wer bringt uns bei, zugleich auf den Anfang wie auf das Ende zu schauen? Der Garten mit seinen Unkräutern zu seiner Zeit!

Ob Goethe mit seiner Sicht, dass der liebe Gott gegen jede Krankheit ein Kräutlein hat wachsen lassen, recht hat? Oder war es Hildegard von Bingen, die im tiefsten Mittelalter höchste Einsichten in die Schöpfungsordnung vieler Kräuter hatte? Ich weiß es nicht. Es sind Überzeugungen, die jedem zuwachsen, der einen Garten hat.

Wieder einmal laufe ich barfuß über den Rasen. Mein Rasen sieht seit Jahren immer weniger englisch aus und immer mehr bayrisch-liberal. Also im Grunde spiegelt er die Liberalitas Bavariae, unter deren Schutz man hier lebt und leben lässt. Im Schutz der Gräser wächst demnach nämlich mittlerweile alles, was im Voralpenland vom Wind verweht erst aufgenommen und dann hier bei mir abgelegt worden ist – mit allen guten Wünschen des Universums und der vier Winde! Gänseblümchen wachsen da und Klee, Farne und Mose; Margeriten und Wegerich bilden dabei die größten Fraktionen der Immigrantenfraktionen der „Fremden“ mit dem Multikultihintergrund des Himmels. Es ist typisch für diese jungen Pioniere und Immigranten, dass sie immer die Ersten sind, die sich nicht niedermachen lassen und nicht allein auf ihr uraltes Recht setzen. Stattdessen trauen sie sich immer wieder, ihre Blütenstängel trotzig über die Grasnarbe hinaus zu erheben. Als wenn der weißblaue Bayernhimmel für alle da wäre! Wie der tragische Sysiphus überspielen oder verdrängen sie die mehr oder minder regelmäßigen Rasenmäherorgien des Restkämpfers im

Gärtner, der immer noch in soldatischer Tradition die Kompanie der Grashalme der Größe nach antreten lässt, um sie dann doch da einen Kopf und dort auch mehr kürzer zu machen. Darüber lachen die kleinen Blüten irgendwie, lassen es geschehen und verlassen sich in dieser Krisenzeit auf ihre kleinen Kinder und ihre Wurzeln. Aus dem Schmerz scheinen sie eine enorme Lebensenergie zu holen. Sie verwurzeln sich stärker und verbreitern sich unterirdisch. Aus Trauer eröffnen sie offenbar einen neuen Reigen. Immer wieder! Mit großen Lebensproblemen wie dem vom großen Warum und Wieso lassen sie sich nicht vom Wachsen abhalten. Sie wachsen einfach.

Es ist ihre Art von Gottesdienst. Wenn Pflanzen beten und sich dem Himmel immer wieder neu zuwenden, dann wachsen sie. Mehr nicht. Aber auch nicht weniger. Und das wissen auch die Bienen und ein paar Hummeln. Sie sind die Ersten, die sich über den Kleehonig hermachen, der schon einen Tag bloß nach der Rasenmäherkatastrophe so tut, als wenn nichts gewesen wäre, und blüht und blüht und blüht. Honig ist neben seiner antibiotischen Wirkung vielleicht auch deshalb gesund, weil er diese Auferstehungsmedizin in sich trägt. Ich weiß es nicht. Ich nehme es so.

Wenn meine nackten Füße im nachwachsenden Klee nicht aufpassen, dann ist es schnell passiert. Ich trete auf eine Biene. Beide waren wir wohl nicht recht bei Sinnen und unaufmerksam. Und sie in ihrer Todesangst drückt mir ihren giftigen Stachel durch die harte Fußsohle unter die Haut. Und sofort zuckt der Schmerz bis in den Kopf hinein. Ich hocke mich hin, suche in der Fußsohle nach dem winzig kleinen Stachel und versuche ihn mit den Fingernägeln herauszuziehen. Wenn das geschafft ist, schaue ich mich nach Hilfe um. Ich tue das jetzt ganz ohne Worte. Schweigende Pflanzen haben keine Worte und hören keine Worte.

Ich „rufe" still nach dem Spitzwegerich, der sich irgendwo an den Rändern des Rasens versteckt hält und sich dort gehalten hat. Ich tue das wirklich. Ich bitte ihn, sich mir zu zeigen. Das ist so eine alte Auswirkung einer schamanistischen Ausbildung bei einem Indianer, der ich mich vor langen Jahren unterzog. Seitdem frag ich nicht viel, ob das vernünftig ist. Was wirkt hat recht.

Das ist kein esoterisches Feuilleton. Wenn der Wegereich sich mir dann zeigt und ich ihn bitte, mir ein paar seiner frischeren Blätter zu überlassen, und sie dann zerdrücke und ein paar Minuten auf den Stich presse, ist die ganze Sache schnell überstanden. Ich danke ihm und verspreche ihm darauf zu achten, dass in meinem Garten immer ein paar Kolonien von Spitzwegerich verbleiben und gepflegt werden. So halte ich es auch mit dem Schöllkraut und all den anderen Pflanzengemeinden in meiner Nähe. Das war nicht immer so.

Vor einem halben Leben habe ich als kleiner Junge auf Anweisung meines Vaters Tausende der von seinen „Vorfahren“ des Spitzwegerichs einfach mit Mutters Küchenmesser aus dem Rasen gestochen. Für meinen Vater war dieses Kraut nur Unkraut. Für mich ist es eines der großen Heilkräuter geworden. Wie sich mein Vater an ihnen versündigt hat, so bringe ich es für ihn in Ordnung.

Neben einem kleinen Steinbuddha habe ich dem Wegerich einen Platz im Garten reserviert und ihm meinen besonderen Schutz angeboten. Genau wie dem giftigen Schöllkraut, dessen braungelblich brauner Saft auch nur so giftig ist, wie man nicht recht weiß, wie man seine Gabe nicht annehmen kann. Ob etwas giftig ist oder nicht, entscheidet allein die maßvolle Gabe, die man davon nimmt. Das ist die traditionelle altgriechische Sicht und ihrer Heilerärzte. Ich tupfe mit dem schleimigen Saft Warzen weg. Ansonsten hilft es der Leber, ihre wachsenden Aufgaben zu erledigen.

Hinter meinem Carport wächst in einer Nische ungestört die Brennnessel. Ich kann mich immer noch nicht an das alte Naturgesetz der Signaturenlehre gewöhnen, dass sie immer nur da wächst, wo sie auch dringend gebraucht wird. Große Pflanzenkundige halten sie für die Königin aller Heilpflanzen. Sie hat alle Kräfte der Reinigung. Mein Blut braucht sie dringend, um sich zu wehren und wieder rein zu werden! Aber mein auf Rationalität getrimmter Kopf weiß noch nicht, dass Borrelien im Blut wachsen und wuchern. Die Ärzte haben es mit ihren Bluttests noch nicht entdeckt, also hat auch mein Kopf keine Ahnung. Aber die Brennnessel weiß und ahnt es schon. Später werde ich klüger sein. Im Dunkelfeldmikroskop erkenne ich sie dann an ihrer Korkenzieherform. Wusste es die Brennnessel wirklich vor mir? Ich sollte mich nach einer Karde umsehen. Die könnte mir gut tun. Auf dem Flachdach meines Büros wächst Johanniskraut und wird jedes Jahr mehr. Es will mir offenbar helfen, zur Ruhe zu kommen.

Mein Garten ist zu meiner grünen Hausapotheke geworden. Am Haus wächst der Salbei immer kräftiger heran. Ich bitte ihn bei jeder Entzündung im Mund und Rachenbereich um seine Hilfe und kaue seine Blätter und trinke seinen Tee. Ein paar Meter daneben wuchert die frische Pfefferminze und dann die Zitronenmelisse. Und wie der Lavendel die Rosen mit seinen ätherischen Ölen vor den Läusen schützt, so schützt er mich in mancher Nacht mit denselben Substanzen vor der Schlaflosigkeit.

Einfach kochendes Wasser über einen Teelöffel voller Lavendelblüten gegossen und zehn Minuten ziehen lassen und die Medizin ist fertig. Mit den Lindenblüten vom über hundert Jahre alten Lindenbaum vor dem Haus gieße ich ihn in weniger unruhigen Nächten auf und lasse ihn wieder zehn Minuten ziehen. Ich bin mit der Zeit und mit der Hilfe meinen Heilpflanzen zum Heilerlehrling geworden. Im Garten der Heilkräuter aber bist du nie ein Meister. Du bleibst ein Zauberlehrling. Gegen meine Borrelien werde ich mir nun wirklich eine Karde suchen gehen.

23

Der Misthaufen

Kleine Einführung in die natürliche Sündenlehre

Jeder Misthaufen ist das Zentrum der Welt,
wenn nur der richtige Hahn drauf kräht.

Wolf Biermann

Es liegt allein an uns, in der
Verwesung des Kompostes das
Saatbeet des Frühlings zu erkennen.

Autor unbekannt

Für einen guten Komposthaufen kann man sich feiern lassen. Er gehört nicht versteckt. Er allein gibt an, dass es in der Gewichtung des Lebens weder Gut noch Böse gibt, Leben nicht ohne Tod und dass ein Anfang auch ein Ende haben muss. Der Kreislauf des Lebens braucht keine spanische Wand aus Heckenrosen vor dieser Einsicht. Warum führt der Mist bei uns so eine Schattenweltexistenz? Gibt es eine gefährliche Überbetonung des Reinen? Mist gehört doch zum Garten wie der ganze Mist, den auch ein

Mann im Laufe seines Lebens macht. Fehler sind der Mist des Mannes. Sie gehören allein dem, der sie macht. Das ist so wichtig! Nochmal: Der Mist, den einer baut, gehört ihm ganz allein. Und er kann und darf ihn sich gar nicht wegnehmen lassen. Von keiner Institution, von keiner Kirche und von keinem anderen Menschen überhaupt. Auch nicht durch irgendeinen Heiland, der ihm verspricht, sich um seinen Mist und seine Sünden zu kümmern und dann das vielgepredigte himmlische Sündenkonto auf null zu stellen.

Fehler, Mist und Sünden gehören zum Menschen. Wer sich die dennoch nehmen lässt, verführt oder nicht, eingebildet oder nicht, hat seinen natürlichen „Dünger" abgegeben. Er wird früher oder später auf eine Institution zurückgreifen, die ihm ihren Spezialkunstdünger andreht. Er wird seines Lebens nicht mehr froh und frei sein. Er wird abhängig von den Sündenersatzprodukten.

Nein, Fehler, Mist und alle gärenden Substanzen sind ein unveräußerlicher Teil des Menschseins. Fehler zeigen doch, dass da noch etwas fehlt. Da muss man doch hinschauen können. Die müssen doch zum Himmel stinken dürfen, damit man die Nase hineinsteckt. Die verdrängten und verdunkelten Geschichten sind doch der eigentliche Dünger und die eigentliche Antriebskraft beim Lernen und Lieben. Sünden sind doch „Bio"! Es lebe also der Misthaufen! Wer sich den erspart, der bleibt hart.

Was wird aus uns, wenn wir unsere Missetaten verdrängen, weil sie gerade nicht integriert werden können? Was wird aus uns wenn wir unsere Familiengeheimnisse unter Verschluss halten, weil uns eine öffentliche Meinung lieber in die Beichtstühle drückt als uns selber ihr Ohr zu leihen? Was wird aus uns, wenn wir unsere Wunden und Schmerzen, unsere Verletzungen, unsere Amputationen an Leib und Seele einfach liegen lassen als gingen sie uns nichts mehr an? Phantomschmerzen werden uns plagen. Und wie erst der Regen, der über dem Komposthaufen niedergeht, die Gärprozesse in Gang setzt und die Energien freisetzt, die alles Wachsen und Werden ermöglicht, so werden erst die Tränen, die über unsere eigenen Fehler vergossen werden, alle Verhärtungen und Verbitterungen in neues Leben verwandeln.

Überdies hat ein großer Komposthaufen noch so manch anderen Vorteil. Hühner findet man selten ganz oben auf der Kammhöhe der Misthaufen. Das verbietet ihnen das Ranking. Hähne krähen bekanntlich gerne auf dem Misthaufen, Das tun sie wohl nicht nur aus akustischen Gründen. Misthaufen sind eben eine ideale Kanzel, das weiß ich. Es geht dort in erster Linie um das Sehen und Gesehen werden und weniger um hören und gehört werden! Und dann kommt hinzu, dass je mehr Mist die Umgebung gemacht hat, desto höher ist dann auch der Haufen und desto lauter wird dann auch die Botschaft verkündet. Aber auch für diese Bühne gilt, was für alle Bühnen dieser Welt gilt, dass man das, was man da oben nicht bringt, durch gutes Aussehen wett machen kann. Was ich nicht krähe, sehe ich aus! Ein Misthaufen ist daher auch der ideale Platz für jeden Hahn, um seine langen und wunderschönen Schwanzfedern bewundern zu lassen. Ein Hahn ist und bleibt eben ein Gockel. Er bleibt es auch deshalb, weil er nicht darüber nachdenkt, worauf er da gerade steht und kräht. Seine Augen werden gehalten Er hat nur Augen für seine Hennen. Und wenn er die aus dem Blick verliert, landet er in der Suppe.

Anders der reifende Mann: Wer nicht mehr so weite Sprünge machen kann, so, dass er wohl oder übel seinen Standort reflektieren muss, der hat endlich das Zeug, sich vom Gockel zum eigentlichen „Herrn vom Haufen“ zu entwickeln. Er weiß, wem er diese Position verdankt. Nämlich seinen verstorbenen Vätern und Müttern und all den anderen oft pflanzlichen Wesen dieser Welt, meist sind es Pflanzen, die ihr Leben für ihn gegeben haben. Die einen für seinen Magen, die anderen für seine Gesundheit, wieder andere für seine Nase und noch letztlich andere für seine Augen. Unser Leben ist Hingabe, und der Misthaufen ist der große Zeuge. Unser Leben ist ein Geschenk. Hier ist der Ort, es tiefer zu erfahren als in manch einer Sonntagspredigt.

Aber auf dem Mist und auf dem Kompost liegen nicht nur das Abgestorbene und das Tote des Gartens. Hier ist auch die versteckte Kinderstube des Gartens. Hier sorgt das Sterbende für das Kommende. Es ist das Herz und die Mitte des Gartens. Hier ist der Medizinschrank, die Mutter des Gartens. Hier ist das entscheidende Symbol für den Kreislauf des Lebens. Wer den Mist nicht verehrt, ist des Lebens nicht wert.

Was ist das eigentlich für eine sogenannte Kultur und kulturelle Leistung, die Fehler der Menschen so in Verruf zu bringen und zu kompromitieren, dass sie als Sünde, Fehler oder was weiß ich daherkommen? Wer nicht dazu steht, dass er seinen Mist gemacht hat, ihn verleugnet, lässt ihn notgedrungen von anderen entsorgen. Er ist dann früher oder später auf künstlichen Dünger angewiesen und wird abhängig. Er wird nicht zum ruhenden Beobachter der Entwicklungen seines Lebens werden. Er wird ein Opfer der falschen Mistlehre bleiben, weil man ihm das Kostbarste nahm. Der Mist des Menschen ist unantastbar!

Noch liegen die meisten Komposthaufen am Rand des Gartens wie wenn man Sterben und Tod an den Rand des Lebens drängen und verdrängen müsste. Setzt man sie aber mitten in den Garten und pflanzt im Frühjahr sogar ein paar Kürbiskerne in die wohlige Wärme des Haufens, dann wird es ein besonderer Ort des Wachsens. Die Kürbiskerne werden im Zeitrafferverfahren ausschlagen und heranwachsen und uns Männern die wichtige Medizin,

Kürbiskerne, gegen Prostatawucherungen liefern. Hier ist der Ort, wo am schnellsten nie gesätes Heilkraut zu wachsen beginnt. Der Wind hat es in den Garten getragen, als wenn von irgendwo her sich jemand um uns sorgen würde. Wilde Kamille, Hundskamille, ist da und immer wieder die Brennnessel, die Königin aller Heilpflanzen. Hier im Humus wächst auch alle wirklich alles umfassende Humanität. Was ist dagegen zu sagen, dass ein Mann ein neues Ziel hat: Guter Humus zu werden?!

Große Männer setzen also nicht auf große Grabsteine. Sie sind nur ein Relikt der alten Männerherrlichkeit und Eitelkeit, wer denn den größten und längsten hat. Neue Männer setzen auf die Kraft der Erde, auf vollkommene Hingabe und auf Wiedergeburt, die sich mehr und mehr verflüchtigt. Denn wer vielleicht noch ein paar unvermeidliche Widergeburten vor sich hat, der geht mit der Erde anders um als ein Manager von Ölfeldern oder einer der Herren von ewig strahlenden Atomstromdeponien. Und wenn es nicht gleich ostasiatische Widergeburtsträume sind, die für uns Männer wahr werden, reicht auch ein bisschen brandenburgischer Havelsand, den wir mit unserem Humus etwas fruchtbarer machen. Durch eine simple Grabbeigabe, einer Birne, wird in unseren Schulkindern über Generationen hinweg ein Sinn für eine beseelte Natur angeregt. Wie tief ging das denn in eine Kinderseele ein? So tief, dass wir es bis ins Alter nicht vergessen. Ein menschlicher Grabhügel bedeutet nicht das Ende, er kann auch das Lauschen in eine neue Dimension ermöglichen.

Herr von Ribbeck auf Ribbeck im Havelland

Herr von Ribbeck auf Ribbeck im Havelland,
ein Birnbaum in seinem Garten stand,
und kam die goldene Herbsteszeit und
die Birnen leuchteten weit und breit, da
stopfte, wenn's Mittag vom Turme scholl,
der von Ribbeck sich beide Taschen voll,
und kam in Pantinen ein Junge daher,
so rief er: "Junge, wiste'ne Beer?"
Und kam ein Maedel, so rief er: "Luett
Dirn, kumm man roewer, ick hebb'ne Birn"
So ging es viele Jahre, bis lobesam
der von Ribbeck auf Ribbeck zu sterben kam.
Er fuehlte sein Ende. 's war Herbsteszeit,
wieder lachten die Birnen weit und breit;
da sagte von Ribbeck: "Ich scheide nun ab.
Legt mir eine Birne mit ins Grab"
Und drei Tage drauf, aus dem Doppeldachhaus,
trugen von Ribeck sie hinaus,
alle Bauern und Buedner mit Feiergesicht
sangen: "Jesus meine Zuversicht", und
die Kinder klagten, das Herze schwer:

"He is dod nu. Wer giwt uns nu'ne Beer?"
So klagten die Kinder. Das war nicht recht -
ach, sie kannten den alten Ribbeck schlecht;
der neue freilich, der knausert und spart,
haelt Park und Birnbaum strenge verwahrt. -
Aber der alte, vorahnend schon und voll
Misstrauen gegen den eigenen Sohn,
der wusste genau, was damals er tat,
als um eine Birn' ins Grab er bat,
und im dritten Jahr aus dem stillen Haus
ein Birnbaumsproessling sprosst heraus.
Und die Jahre gehen wohl auf und ab,
laengst woelbt sich ein Birnbaum ueber dem
Grab, und in der goldenen Herbsteszeit
leuchtet's wieder weit und breit.
Und kommt ein Jung' uebern Kirchhof her,
so fluestert's im Baum: "Wiste'ne Beer?

24

Der Kirchgarten/Friedhof

Die Entdeckung des Himmels

*Den Garten des Paradieses betritt man nicht
mit den Füßen, sondern mit dem Herzen.*

Bernhard von Clairveaux

*Kaiserkron und Päonien rot,
Die müssen verzaubert sein,
Denn Vater und Mutter sind lange tot,
Was blühn sie hier so allein?*

Joseph von Eichendorff

Auf der gegenüberliegenden Straßenseite von meinem Elternhaus lag ein alter aufgegebener lutherischer Friedhof mit alten Bäumen, einer ganzen Reihe von Scheinzypressen, ein paar alten Rot- und Blutbuchen. Da und dort sah man ein paar vereinzelt herumstehende Grabsteine und Grabumrandungen, deren Zeit längst abgelaufen war. Um die dreißig Jahre Liegezeit, eine Menschengeneration lang, waren ursprünglich bezahlt worden.

Aber was ist ein Menschenleben? Langsam eroberte sich die Natur den selbstgemachten Friedensgarten der Menschen zurück. Das tat sie ganz still und unbeobachtet. Es braucht ja nicht lange bis der Efeu, einmal in Ruhe gelassen alles überwuchert. Und auch Gras wuchs über die Geschichten. Immergrüne Thuja und graue Steine, die noch aus dem Gras herausragten, regierten hier. Für mich als kleiner Junge von gegenüber war es eine Art Gottesgarten, den man nicht so ohne weiteres betreten dürfte, um dort zu spielen. Er hatte eine heilige Aura behalten. Das war spürbar. Es war eine Art Mutprobe, sich darüber hinwegzusetzen. Eine große Heimbuchenhecke verwehrte zudem die Blicke in den versunkenen Garten und sie verstellte den ungehinderten Zugang zu diesem vorweggenommenen Paradies. Ein altes schweres schmiedeeisernes Tor lies sich vor lauter Rost für uns Kinder kaum öffnen. Doch ein kleines Loch in der Hecke, das die Zweige der alten Blutbuche freigegeben hatten, reichte uns Kindern dann doch, diesen Ort des Abenteuers, der Geister der Verstorbenen und der Geheimnisse aufzusuchen. Wir duckten uns und krochen durch das Loch auf allen Vieren. Wir waren dabei ganz still.

Mein Vater hatte ganz bewusst für sein neues Haus, dass er aus Anlass meiner Geburt bauen wollte oder wohl auch musste, ein Grundstück gesucht, das gegenüber diesem Friedhof lag. Er war ein kluger, berechnender Mann, ein Kaufmann. Nie würde dort gegenüber seinem Baugrundstück ein Bagger aufkreuzen um auch dort ebenfalls eine Baugrube auszuheben. Kein Giebel und keine Hauswand würde unseren Ausblick auf die Ewigkeit jenseits auf der anderen Straßenseite auf immer zu zerstören. Der Blick ging nach Osten. Wir würden jeden Morgen neu die Sonne aufgehen sehen und um die Osterzeit auf die Schafherde warten, die ebenso wie wir Kinder versuchen durch die Löcher in der Hainbuchenhecke zu kriechen. Das neue Grün auf dem Friedhof war einfach zu verführerisch. Die immergrünen Lebensbäume gaben dem alten Friedhof die Aura von Beständigkeit. Der Tod und der kalte weiße Winter, je nachdem, hatten auf diesem Stückchen Erde offenbar symbolisch ihre Macht längst verloren.

„Friedhof", das ist ein umfriedeter Hof. Und „der umfriedete Hof" könnte eine weitere deutsche Übersetzung des griechischen Wortes „para-dies" sein. Im „para" spürt man schon an der Buchstabenfolge und den Lauten die Zweiteilung der Welt. Da ist etwas Doppeltes, Verwandtes in der Luft und im Sinn. Wie das Paradies und wie der gehütete („hortus") „Garten" ist er eben ein umfriedeter Hof, in dem jenseits der wilden weiten Welt der Friede aufgehoben und geborgen wird. Eine Einfriedung, eine Mauer muss um ihn herum führen. Oder eine undurchdringliche Hecke, wie in „Dornröschen" angedeutet, trennten ihn von der Welt da draußen. Auf dem Friedhof ist der Frieden zu Hause. Und da sind auch die zu Hause, die auf ewig nichts mehr zu fürchten haben. Sie werden von den Lebenden in Ruhe gelassen. Und die Verstorbenen lassen in diesem Frieden die Lebenden in Frieden. So finden sie ihren Frieden.

Aber von diesem Ort des Friedens aus geben sie den Lebenden ihre weisen Ratschläge für die friedlose Welt. Frieden, das wissen sie, herrscht, wo Staub liegt. „Erde zu Erde, Asche zu Asche, Staub zu Staub! Friede auf Erden! Werdet stille!“ raunen sie. „Es ist alles getan! Es ist genug!“ ist ihre Botschaft.

Früher wurden solche Höfe des ewigen Friedens rund um die Kirchen angelegt und wenn man dann sonntags oder einmal im Jahr an Totensonntag oder Weihnachten eine Art Verabredung mit dem lieben Gott und seinen Verstorbenen in der Kirche des Dorfes hatte, musste man notgedrungen an lebendigen oder nicht lebendigen, seinen verschütteten oder nicht verschütteten Ahnen vorbei. Denn Gott und die Ahnen, die leben seelisch betrachtet in großer Nähe zueinander. Wo Gott ist, da sind die Ahnen und wo die Ahnen sind, da ist Gott. Und der Friedhof mit der Kirche mittendrin ist dafür ein Symbol.

Es ist im Grunde wieder einmal derselbe Weg, den der langsam weise und grau werdende Mann, der aus den Unruhen des Lebens endlich nach Hause kommen wollte, gehen muss: Sonntag für Sonntag! Er musste, aus dem Feld der Konkurrenzen und Kriege, geschlagen oder siegreich, egal, durch den umfriedeten Garten hindurch, der noch Elemente von beider Welten in sich trug. Er musste diesen Weg über den Friedhof gehen, an seinen Vorfahren und Vorgängern vorbei, seinen Vätern und Müttern, um in seine eigentliche Heimat zu kommen.

Derweil herrscht draußen vor den Friedhofstoren das Chaos weiter! Hier aber tönt es nur noch herüber. Hier drinnen ist die Ordnung und Stille. Es ist eine mit sich versöhnte Welt.

Ich kroch als kleiner Junge durch dieses tief sitzende Loch in der alten Weißdornfriedhofshecke – und ich war in einer anderen Welt. Ein ernster Garten war das. Das Gras stand hoch und keiner kam, um es mit einer Sense abzuschneiden. Wenn man sich in seinem heiligen Versteck hinlegte und das hohe Gras sich zur Seite bog, war es immer wie in einem Bettchen. Ich schaute in die Sonne. Es war angenehm. Es war schön. Hier war kein Mensch, kein Gärtner, der mich störte. Hier konnte ich sein. Hier konnte ich träumen. Und die wie Atem angehaltene Furcht vor den Geistern und Verstorbenen sorgte dafür, dass ich bald wieder aufstand und jeden Schritt einzeln wählte und hier nicht wie wild herumlief.

Mein Onkel Heinz wohnte schließlich hier in der Erde. Besser gesagt, er schlief hier. Er hatte sich gut versteckt. Ich wusste es jahrelang gar nicht. Es hatte mir keiner gesagt. Es gab keinen Grabstein oder irgendeine Art Hausnummer, wo er schlief. Ich musste mich an den alten Lebensbäumen orientieren, die meine Mutter mir dann als Orientierung gezeigt hatte. Ein paar Meter schräg weg von einem dieser alten Bäume, und genau da wohnte Onkel Heinz in der Erde. Er war der jüngere Bruder meiner Mutter. Und er wurde nur siebzehn Jahre alt. Es würde gar nicht so lange dauern und ich würde auch siebzehn sein und nicht siebzig. Und Onkel Heinz war seiner Mutter, also auch der Mutter meiner Mutter, mit derselben Lungenkrankheit ein paar Jahre später ins Grab gefolgt. Spuren meiner Großmutter sah ich nicht. Meine Mutter sprach nicht über sie. Dabei müsste sie doch eigentlich neben ihrem Heinz liegen oder? Da war spürbar ein Familiengeheimnis, das sich erst nach Jahrzehnten auftat. Der Frieden des Friedhofs deckte auch das zu.

Legen wir darum unsere Friedhöfe so an wie schöne Gärten? Dass sie auch über unsere Toten nur Gutes erzählen und wir Lebenden und Hinterbliebenen besser Abschied nehmen können? Ein schöner stiller Garten, der mit seinem Grün auch die Schmerzen der Lebenden zudeckt und Gras drüber wachsen lässt?

Nihil nisi de mortuis! Über die Toten nur Gutes! Warum entlassen wir Christen unsere Toten durch ein Gartentor in die andere Wirklichkeit? Da schwingt der Totenpsalm 23 unserer jüdisch-christlichen Kultur mit. Er verheißt uns nach der begleiteten Reise durch ein dunkles Tal eine Art blühender Landschaften im Himmel. In diese vorweggenommenen Himmelsgärten pflanzen wir hohe immergrüne

Lebensbäume, Tujahecken, Birkenalleen, Bodendecker aller Art. Die Wege sind oft aus lichtem Kies. Grabsteine träumen da, die mit den Jahrzehnten ruhig umfallen durften, ohne dass sie neu gerichtet wurden. Es ist eine verrückte Welt, wo hin und wieder amtlich an den Grabsteinen geruckelt wird, um ihre Standfestigkeit zu prüfen! Das Efeu entlässt sie nur langsam aus dem Lot. Auch Steine wollen ruhen. Es gibt offenbar eine Sehnsucht nach einem Grün, das alles zudeckt, Gutes und Böses gleichermaßen, und immer wieder Blumen, Blumen, Blumen! Im Winter decken wir die Gräber doch nicht nur wegen der Rosenbeete ab! Wir betten doch einmal im Jahr auch unsere Toten noch einmal mehr. Und wenn wir wieder von den Gräbern gehen, liegt spürbarer Abschied in der Luft. Auf dem Friedhof hat die Zeit keine Macht über den Schmerz. Ihr fehlt hier die Kraft die Wunden zu heilen.

So legen wir unsere Verstorbenen in einen besonderen Garten. So ein Garten für die Toten spiegelt ein wenig wieder, was wir Menschen als vollkommen oder vollendet erleben. So wie wir vollendet aus diesem Leben entlassen werden, so ist der Garten, der diesen Übergang markiert, ein vollendeter. Und jedes Grab ist anders, weil jede Vollendung anders ist. Wir besuchen diese stillen Gärten des Friedens, um mit unseren Ahnen zusammenzutreffen. Friedhöfe sind ein guter Boden, ein guter Ort, um selber seine eigenen Wurzeln zu pflegen.

Und wo die alten Ägypter und all die anderen Kulturen auch nicht an Grabbeigaben sparten, die sie ihren Verstorbenen mit auf für die Reise über den Todesfluss gaben, so tun wir das auch. Ausgerüstet mit allen Dingen, von denen wir glauben, dass sie für die Verstorbenen notwendig wären, weil sie sie geliebt haben. Das können genauso Skatkarten sein oder ein Kirchengesangbuch. Wir geben unseren Verstorbenen quasi eine Art Licht mit auf den Weg durch die Dunkelheit. Wir geben bzw. gaben ihnen die schönsten Teile unsere Städte und Dörfer mit auf ihre Reise. Wir pflanzen die „grünen Wiesen“, auf die wir nach unserem Tod geführt werden sollen, symbolisch an. Wir geben unseren Toten die schönsten Rosen mit und Lilien ohne Ende! Wir pflanzen (oft gegen die Friedhofsordnung) Trauerweiden an den Kopfenden der Gräber und träumen von weißen Birken, die mild duftend mit ihren weit herab hängenden zärtlichen Zweigen und Blättern vorsichtig die Gräber berühren. Unsere Toten sind zurück im Paradies. Sie sind da, wo alles angefangen hat. Das Leben hat sich von sich aus gerundet. Das Leben ist schön. Ruhen unterm Lebensbaum!

Als Maria Magdalena zu Ostern auf dem steinigen Friedhof von Jerusalem nach dem Leichnam ihres Liebsten suchte, erblickte sie Jesus, erkannte ihn aber nicht. Sie nahm nur hinter sich eine Gestalt wahr und schaute sich um. Sie hielt sie ohne wohl genau hinzugucken für den Gärtner. Der Auferstandene Jesus, der neue Mann der Ewigkeit, der

Mozart der neuen Spiritualität und Frömmigkeit, hatte die Ausstrahlung eines Gärtners. Gärtner sind eben die Einzigen, die wissen, was ihnen alles blüht. Der neue Mann ist ein Gärtner. So wie es der alte Gott vor aller Zeit schon einmal war. Der Apfel fällt nicht weit vom Baum. Wir sind Gärtner, das ist wahr! Adam und Eva in einem Garten.